英語のスピーキングが驚くほど上達する
NOBU式トレーニング
中学で習う英文法だけでネイティブのような会話ができる!

編集協力・
手書き文字=山口　晴代

装　　　幀=岩目地秀樹(コムデザイン)

黒犬のイラスト=テッド高橋

ナレーション=〈日本語〉夏目ふみよ
　　　　　　〈英語INPUT〉Rachel Walzer
　　　　　　〈英語OUTPUT〉Nobu Yamada(山田暢彦)

録音スタジオ=株式会社巧芸創作

英語のスピーキングが
驚くほど上達する

NOBU式
トレーニング

山田暢彦

MP3 CD付き

中学で習う英文法だけで
ネイティブのような会話ができる！

IBCパブリッシング

はじめに

　英会話は、スポーツや楽器と似ているとよく言われます。習得するには、いずれも知識の蓄積だけではなく、実際の練習や反復によって「体で覚える」ことが必要です。

　しかし、だからと言って、ひたすら話す練習をすれば英語がペラペラになるかと言うと、実はそうでもありません。

　人が言葉を習得するのは、「インプット」→「アウトプット」の順番が原則だと言われています。つまり、聞けるようになって初めて話せますし、読めるようになって初めて書けるようになります。実際、幼児が言語を身につけるプロセスを考えてみると、確かに赤ん坊は、かなり多くのことを聞いて理解できるようになって、初めて少しずつ話すようになりますね。インプットでたっぷりと言語のお手本に触れることで、少しずつ話すための下地ができあがります。逆に言うと、この下地なしには、言葉は話せるようになりません。

■インプットから始めるスピーキング本

　英会話を取り巻く最近の状況を見ていると、(和訳や文法中心の学校英語への反動からか)多くの日本人が「話せるようになるには、とにかく話さなきゃだめだ」と信じているようです。もちろん、話す練習は不可欠ですが、もしもその結果、学習者がインプットをおろそかにしているとすると、残念ながら、その方の英会話はあまり伸びないでしょう。がんばってジェスチャーを交えて単語を並べても、発信力を支えるそもそものインプットがなければ、言葉は出てこないからです。「ないものは出ない」のです。

本書は、こういった観点から生まれた新しいタイプの英会話トレーニング本です。あくまでもスピーキング力を高めることが目的ですが、そのために、アウトプットを支えるインプットをまずていねいに行います。お手本の英語をたっぷりとインプットし、英語の感覚を身につけてください。その感覚が、のちに自分でアウトプットするときの大事な拠り所になります。

■インプットによってアウトプットが伸びる
　ところで、英語に限らず、私たちは日常生活の中で、あらゆるものをお手本にして新しい技を身につけています。たとえば、料理の腕を上げたい人はレシピ集をお手本にしますし、おしゃれ好きはファッション誌を参考にしますね。歌が好きな人はお気に入りの歌手を真似し、スポーツ好きは一流選手のプレイを見て技を盗みます。
　この「参考にする」「真似する」というのは、まさしくインプットです。インプットで新しい知識や視点を得ることで、アウトプット（＝料理の出来、着こなし、演奏、プレイなど）が伸びるのです。
　これと全く同じことが、英会話でも起こります。英語のアウトプット力を高めたいからこそ、インプットしましょう。

■ここがポイント
　さて、最後になりますが、本書でトレーニングするに当たって、具体的にお手本にしていただきたいポイントを2つほどお伝えします。

1. 英文の組み立て方
　英語は日本語と語順が大きく異なります。文頭の〈主語＋動詞〉を軸に、様々な修飾語句をあとからつけたしていくのが英語です。この

「あとから説明をつけたす」感覚や技術を積極的に吸収することで、英語がよりスラスラと話せるようになります。

2. 英語の発音

　本書にはトレーニング用のMP3音声CDがついています（OUTPUTのトレーニングは僕の声です！）。英語独特の抑揚や音のつなげ方を参考にしてみください。そして、繰り返し英文を口に出すようにしてください。自ら発音することで、英語がより確実に脳内に取り込まれます。また、英語を話すために必要な口の筋肉が鍛えられ、さらにはリスニング力まで高まります（→自分で発音できる言葉は聞き取れる）。

　本書がきっかけで、英会話のトレーニングがより楽しく、より効果的なものになることを心から祈っています。皆さんの上達を応援しています。Good luck!

山田暢彦

目次

はじめに 4

本書の特長 8
NOBU式トレーニングの進め方 11
NOBU式トレーニング進捗表 12

PART 1　**中1英語の基礎** 15
　　　　「情報をつけたす感覚を身につける」

PART 2　**中2英語の基礎** 55
　　　　「つけたしのパターンを増やす」

PART 3　**中3英語の基礎** 127
　　　　「長い名詞を作れるようになる」

巻末付録　日本人がつまずきやすい英文法 165

本書の特長

★ インプット→アウトプット

「話せるようになるには、とにかく話さなきゃダメだ」。よく耳にするこの主張は、一見まっとうに感じますが、実は大きな落とし穴が潜んでいます。皆さんも経験があるかもしれませんが、「話す準備が整っていない状態」でやみくもに英語を口にしても、多くの場合は思い通りにはいかず、ストレスになります。これでは習得はなかなか進みませんね。より自然で効果的な練習方法は、「まずインプットすること」です。身につけたい英語をたっぷりとインプットして脳内に馴染ませてから、アウトプットで使う練習を行う。本書では、インプット→アウトプットという語学習得の自然な手順を踏むことで、質の高いトレーニングを気持ちよく行うことができます。

★ ネイティブの感覚

英語と日本語は、言語的に大きく異なります。中でも「語順の違い」（＝文の組み立て方の違い）は、日本人学習者が克服すべき最大のテーマです。日本語の感覚のまま英語学習を続けてしまうと、習得の妨げとなる悪いクセがついてしまいます（たとえば、英文をうしろから日本語の語順で訳し直す"返り読み"など）。本書では、よりネイティブに近い感覚で「英語を英語の語順通り」に捉えられるよう、解説や和訳のつけ方に工夫を凝らしました。英語を英語らしく理解できる快感を、本書でぜひ味わってください。

★ 日本人の苦手分野にフォーカス

日本人の英会話には、共通する課題があります。それは、「最初の2～3語（主語＋動詞）は言えるけど、そのあとがスムーズに続かな

い」ということです。情報量が少し増えて長めの文になると、途端に言葉が詰まってしまう……。そんなことが、皆さんにもありませんか？　本書は、中1→中2→中3と段階的にレベルアップしますが、日本人が苦手とする「文の後半部分」（補足情報を述べる部分）に注目し、ここを重点的にトレーニングします。ネックとなっている箇所を集中的に訓練することで、誰でもスラスラと長い英文が話せるようになります。

★ 自然な例文

「こんな英語、一体いつ使うのだろう……」。文法書や参考書で勉強していて、そういった違和感を覚えたことはありませんか？　不自然な例文は実用性に欠ける上、やる気を削ぐ要因にもなりかねませんね。本書では、ネイティブの耳にも違和感のない「自然な例文」のみを掲載しています。日常に根ざしたリアルな英文だから楽しく練習できますし、実際の会話でもそのまま安心して使うことができます。

★ 復習ができる

語学学習は、必ず復習が必要です。ですが、9割の学習者は十分な復習をしていないのではないでしょうか？　また実際、これまで多くの英会話教材は復習用のコンテンツを用意せず、どこか「本人任せ」としてきたところがあります。そこで、本書では、復習テストをレッスン内に組み込み、振り返りの機会を定期的に設けました。3〜4レッスン毎（テーマ毎）に内容を復習・横断的に整理することで消化不良を防ぎ、理解力・運用力を確実に高めていくことができます。

★ シンプルで継続しやすい

勉強が続かない、というのは多くの学習者の悩みです。そして、こ

れこそが英会話がなかなか伸びない最大の原因でしょう。では、どうすれば継続できるのでしょうか？ コツは、ずばり、「ルーティーン化」することです。同じトレーニングを日々繰り返すことでリズムが生まれ、習慣化しやすくなります。本書のトレーニングは、INPUT → OUTPUT というとてもシンプルなものです。手順も明確に示されているので、毎日、何も迷わずに取り組むことができます。効果的なトレーニングをブレずに続けることで、どんどん英語が上達します。

★ 独学に最適！トレーニング音声付き

付属の MP3 音声 CD を活用することで、次の3つの力を伸ばすことができます。

①リスニング力アップ　②発音アップ　③瞬発力アップ

本書は一人で学習しながら4技能をバランスよく伸ばせるので、独学に最適です。また、一般の学習者はもちろんのこと、英語研修（グループレッスン）などでの自習用教材としても大いに活用いただけるでしょう。

★ NOBU先生の生講義付き！

動画で直接、NOBU 先生からトレーニング方法を聞くことができます。トレーニングの意義やポイントを学習者が自ら理解することで、一層高い効果が期待できます。分かりやすくて楽しい NOBU 先生のレッスンを受けて、トレーニングに勢いをつけましょう。

NOBU先生の生講義動画はこちら
www.ibcpub.co.jp/nobu/

NOBU式トレーニングの進め方

[INPUT]

STEP 1 ── リーディング
左ページの英文を読みます。次に右ページの日本語訳や解説を参考にして、英語の語順で理解できているか確認しましょう。

STEP 2 ── 音 読
MP3 CDの音声を参考に、スムーズに読めるようになるまで音読をくり返しましょう(→声に出すことで、脳内により深くINPUTされます)。(INPUTの音声は、英文のみ収録)

STEP 3 ── シャドーイング
テキストを見ずに、聞こえてきた英語をわずかに遅れながら追いかけるように復唱しましょう。意味を理解しながら、瞬発的に復唱できるようになったら、INPUT(=OUTPUTの準備)は完了です。

[OUTPUT]

STEP 1 ── テキスト→英訳
INPUTの英文を少しアレンジした作文問題です。左ページの日本語文を読んで英訳し、右ページで答えを確認しましょう。

STEP 2 ── 音声→英訳
次に、テキストを見ずに、日本語を聞いて英訳します。
OUTPUTの音声は、「日本語→ポーズ→英語」のようになっていますので、ポーズのところで英文をパッと話せるようになるまで、繰り返しトレーニングしましょう。ほぼ無意識に(自動的に)英訳できるようになったら、実践で使えるレベルです。

★ 各STEPができるようになったら、次ページのトレーニング進捗表にチェックをいれましょう!

NOBU式トレーニング進捗表

START

PART 1

1	INPUT	STEP 1 ✓
		2
		3
	OUTPUT	1
		2

←できたらチェックを入れましょう

2	INPUT	STEP 1
		2
		3
	OUTPUT	1
		2

3	INPUT	STEP 1
		2
		3
	OUTPUT	1
		2

4	mini test	
	OUTPUT	STEP 1
		2

ミニテストはアウトプットだけ

5	INPUT	STEP 1
		2
		3
	OUTPUT	1
		2

6	INPUT	STEP 1
		2
		3
	OUTPUT	1
		2

7	INPUT	STEP 1
		2
		3
	OUTPUT	1
		2

8	INPUT	STEP 1
		2
		3
	OUTPUT	1
		2

9	mini test	
	OUTPUT	STEP 1
		2

	final test	
10	INPUT	STEP 1
		2
		3
	OUTPUT	1
		2

各PARTの最後は統合型のテストです

PART 2

11	INPUT	STEP 1
		2
		3
	OUTPUT	1
		2

12	INPUT	STEP 1
		2
		3
	OUTPUT	1
		2

13	INPUT	STEP 1
		2
		3
	OUTPUT	1
		2

14	INPUT	STEP 1
		2
		3
	OUTPUT	1
		2

15	INPUT	STEP 1
		2
		3
	OUTPUT	1
		2

16	mini test	
	OUTPUT	STEP 1
		2

17	INPUT	STEP 1
		2
		3
	OUTPUT	1
		2

18	INPUT	STEP 1
		2
		3
	OUTPUT	1
		2

19	INPUT	STEP 1
		2
		3
	OUTPUT	1
		2

できたところにチェックマークを入れましょう！

20	mini test	
	OUTPUT	STEP 1
		2

21	INPUT	STEP 1
		2
		3
	OUTPUT	1
		2

22	INPUT	STEP 1
		2
		3
	OUTPUT	1
		2

23	INPUT	STEP 1
		2
		3
	OUTPUT	1
		2

24	INPUT	STEP 1
		2
		3
	OUTPUT	1
		2

25	mini test	
	OUTPUT	STEP 1
		2

26	INPUT	STEP 1
		2
		3
	OUTPUT	1
		2

27	INPUT	STEP 1
		2
		3
	OUTPUT	1
		2

28	mini test	
	OUTPUT	STEP 1
		2

final test

29	INPUT	STEP 1
		2
		3
	OUTPUT	1
		2

PART 3

30	INPUT	STEP 1
		2
		3
	OUTPUT	1
		2

31	INPUT	STEP 1
		2
		3
	OUTPUT	1
		2

32	mini test	
	OUTPUT	STEP 1
		2

33	INPUT	STEP 1
		2
		3
	OUTPUT	1
		2

34	INPUT	STEP 1
		2
		3
	OUTPUT	1
		2

35	mini test	
	OUTPUT	STEP 1
		2

36	INPUT	STEP 1
		2
		3
	OUTPUT	1
		2

37	INPUT	STEP 1
		2
		3
	OUTPUT	1
		2

38	mini test	
	OUTPUT	STEP 1
		2

final test

39	INPUT	STEP 1
		2
		3
	OUTPUT	1
		2

GOAL

●付属CD-ROM(MP3 CD)について●

　本書に付属のCD-ROM（MP3 CD）に収録されている音声は、パソコンや携帯音楽プレーヤーなどで再生することができるMP3ファイル形式です。
　一般的な音楽CDプレーヤーでは再生できませんので、ご注意ください。

■音声ファイルについて
　付属のCD-ROMには、本書のINPUTパートの英文とOUTPUTパートの日本文、英文の朗読音声が収録されています。各セクションごとにファイルが分割されていますので、パソコンや携帯プレーヤーで、お好きな箇所を繰り返し聴いていただくことができます。

■ファイルの利用方法について
　CD-ROMをパソコンのCD/DVDドライブに入れて、iTunesやx-アプリなどの音楽再生（管理）ソフトにCD-ROM上の音声ファイルを取り込んでご利用ください。

■音楽再生・管理ソフトへの取り込みについて
　パソコンにMP3形式の音声ファイルを再生できるアプリケーションがインストールされていることをご確認ください。
　CD-ROMをパソコンのCD/DVDドライブに入れても、多くの場合音楽再生ソフトは自動的に起動しません。ご自分でアプリケーションを直接起動して、「ファイル」メニューから「ライブラリに追加」したり、再生ソフトのウインドウ上にファイルをマウスでドラッグ＆ドロップするなどして取り込んでください。
　音楽再生ソフトの詳しい操作方法や、携帯音楽プレーヤーへのファイルの転送方法については、ソフトやプレーヤーに付属のユーザーガイドやオンラインヘルプで確認するか、アプリケーションの開発元にお問い合わせください。

PART 1
中1英語の基礎

「情報をつけたす感覚を身につける」

英文を組み立てるための基本トレーニング

中1の英語　ここがポイント！

　中1では、英文を組み立てるための基本トレーニングを行います。トレーニングを始める前に、次のことを基礎知識として持っておきましょう。

■ 英文は「主語＋動詞」で始めるのが鉄則

　日本語では「（私は）ノブです。（私は）英語を教えています」のように主語を省略することがよくありますが、英語は必ず主語が必要です。I am Nobu. とまっさきに主語を言い、誰の話なのかをはっきりとさせます。

　主語の直後には、動詞を置きます。日本語では「私は英語を教える」と文末に動詞を置きますが、英語の場合は主語の直後です。

　英語には「be動詞」と「一般動詞」の2種類の動詞があります。それぞれ性質や使い方が全く異なるので、違いをしっかり押さえて使い分けられることが大切です。

　　　　↓be動詞　　　　　↓一般動詞
　　I am Nobu.　**I teach English.**
　　私はノブです。　　　私は英語を教えています。

　このあとのトレーニングで、じっくりと使い分けを練習しましょう。

〈プラスワンポイント〉
　疑問文（～ですか？）や命令文（～してください）は、「主語＋動詞で始める」という英語の鉄則を破り、Are you ～? や Come here. と出だしの語順を変えてしまいます。「主語＋動詞」という本来の形を崩すことで、疑問や命令といった特殊な意図・意味合いを生み出すのです。

● 疑問文の作り方
　① be 動詞を主語の前に出す → Are you hungry?（お腹が空きましたか）
　② 一般動詞の文では、主語の前に Do [Does] を置く
　　　　　　　→ Do you like curry?（カレーは好きですか）
　③ 疑問詞（What, Where など）は文頭に置く
　　　　　　　→ Where is Yuki?（ユキはどこにいるのですか？）

　いずれも本来の「主語＋動詞」の語順が崩れていますね。こうして文頭の語順を変えることで、「これは質問だよ！」とまっさきに伝えているのです。「あなたはお腹が空きました<u>か</u>」と、文末になって初めて疑問文だと分かる日本語との大きな違いです。

● 命令文の作り方
　Come here.（こっちに来て）や Sit down.（座りなさい）のように、いきなり動詞で文を始めることで「〜してください」「〜しなさい」という意味を表すことができます。動詞を相手にぶつけるイメージで指示を伝えます。

　　　　　　　　　　　　↓いきなり動詞
　　~~You~~ come here. → **Come** here.
　　　　　　　　　　　　こっちに来てください。

■ 動詞の形を変えて「いつ」のことかを表す
　動詞に関連して、もう１つ大事なポイントがあります。英語では、いま話していることが「いつ」のことなのかを、動詞の形を変えることで表します（これを「時制」と言います）。「普段のこと」を言うときは現在形、「今していること」を言うときは現在進行形、「過去のこと」を言うときは過去形を使います。これらの使い分けが不安な方は、p.184 でポイントを確認しておきましょう。

1 I am Yumi. 「私はユミです」

ネイティブの感覚で理解しよう〈be動詞〉

　am、is、areのことをbe動詞と言いますね。be動詞は「～です」と訳されることが多いですが、その本質を一言で言うと「つなぎ」です。イコール（＝）のような働きをし、I am Yumi.なら「私＝ユミ」を表します。be動詞自体よりも、そのあとに続く主語の特徴・状態を説明する言葉に注目して文意を取りましょう。

---

1. I am Kenji.

2. I am a college student.

3. I'm hungry.

4. I'm shocked.

5. You are a great cook!

6. You're very kind.

7. He is my best friend.

8. She's a wonderful person.

9. They are my colleagues.

10. These pictures are beautiful.

> **I の特徴**
> I am **a teacher**.
> 私 = **先生**
> (→ 私は**先生**です)

> **She の状態**
> She is **busy**.
> 彼女 = **忙しい**
> (→ 彼女は**忙しい**です)

1. 私 = **ケンジ**
   (私はケンジです)

2. 私 = **大学生**
   (私は大学生です)

   > be動詞は、「主語」と「主語を説明する語」をつなげるイコール (=)のような働きをします。

3. 私 = **お腹が空いた**
   (私はお腹が空きました)

4. 私 = **ショックを受けた**
   (私はショックです)

5. あなた = **すばらしい料理人**
   (あなたは料理がとても上手ですね)

   > 「素晴らしい料理人」→「料理がとても上手」

6. あなた = **とても優しい**
   (あなたはとても優しいですね)

7. 彼 = **私の一番の友達**
   (彼は私の親友です)

   > 「一番の友達」→「親友」

8. 彼女 = **すばらしい人**
   (彼女はすばらしい人です)

9. 彼ら = **私の同僚**
   (彼らは私の同僚です)

   > 「同僚」は coworker とも言います。

10. これらの写真 = **美しい**
    (これらの写真は美しいですね)

1 「私はユミです」 I am Yumi.

ここに注意してアウトプットしよう〈be動詞〉
主語について、どのような説明をしているでしょうか。特徴・状態を表す言葉を、be動詞のあとに置きましょう。なお、be動詞は右のように使い分けましょう。

---

1. 私はヒロコです。

2. 私は英語講師です。

3. 私は眠いです。
   *眠い：sleepy

4. 私は悲しいです……。

5. あなたは背が高いですね。

6. あなたは歌がとても上手ですね！
   *「あなたはすばらしい歌い手ですね」と表現しましょう。

7. 彼は私の弟です。

8. 彼女は有名な女優です。
   *女優：actress

9. 彼らは私の大学の友達です。

10. この映画はすばらしいですよ。

> **be動詞の使い分け**
>
> - Iのときは **am**　I **am** 〜.
> - Youまたは複数のときは **are**　You **are** 〜. / They **are** 〜.
> - 「三人称」(IとYou以外)で単数なら
>   He **is** 〜. / This **is** 〜.

1. I'm Hiroko.
   (I am)

2. I'm an English teacher.
   (I am)

> be動詞のあとには、主語を説明する「名詞」か「形容詞」を置きます。

3. I'm sleepy.
   (I am)

4. I'm sad....
   (I am)

> 会話では短縮形がよく使われます。
> I am → I'm
> You are → You're
> He [She] is → He [She]'s
> They are → They're

5. You're tall.
   (You are)

6. You're a great singer!
   (You are)

7. He's my (little) brother.
   (He is)

8. She's a famous actress.
   (She is)

9. They're my college friends.
   (They are)

10. This movie is great.

> greatのほか、wonderfulやreally goodも使えます。

2 I am at the office. 「私は会社にいます」

ネイティブの感覚で理解しよう〈be動詞＋ in/at〜〉

be動詞のあとに来るのは「名詞」や「形容詞」に限りません。主語の特徴・状態を説明する語句なら、実は何でも置けるのです。I am at the office. のように〈前置詞＋名詞〉が続く場合は、主語がいる「場所・状況」の説明となります。be動詞の直後の前置詞に注目して、文意を取りましょう。＊基本前置詞→ p.173

---

1. I am at home.

2. I'm from Chiba.

3. The clips are in that box.

4. The bookstore is next to the station.

5. I'm with Yuki now.

6. The concert is on Saturday.

7. The meeting is from ten to twelve.

8. We're against the plan.

9. My house is along a river.

10. The road is under construction.

> [be動詞＋前置詞＋名詞] ⇒ **主語の「場所・状況」の説明**
>
> Your hat is **on a desk**.
> あなたの帽子 ＝ 机の上に
> (→あなたの帽子は机の上にあります)

---

1. 私＝**家に**
   (私は家にいます)

   > 場所を表す〈前置詞＋名詞〉が続くと、「〜にいる/ある」という意味になります。

2. 私＝**千葉から**
   (私は千葉出身です)

3. クリップ＝**あの箱の中**
   (クリップはあの箱の中にあります)

4. 本屋＝**駅の隣**
   (本屋は駅の隣にあります)

   > next to 〜
   > →「〜の隣」

5. 私＝**いまユキと一緒**
   (私はいまユキと一緒にいます)

6. コンサート＝**土曜日に**
   (コンサートは土曜日にあります)

7. ミーティング＝**10時から12時まで**
   (ミーティングは10時から12時までです)

   > from A to B
   > →AからBまで

8. 私たち＝**その計画に反対**
   (私たちはその計画に反対です)

   > 「賛成」なら
   > we're **for** the plan.

9. 私の家＝**川に沿って**
   (私の家は川沿いにあります)

10. 道路＝**工事中**
    (道路は工事中です)

    > 「工事の状況下にある」が直訳

2 「私は会社にいます」 I am at the office.

ここに注意してアウトプットしよう 〈be動詞＋ in/at〜〉

be動詞のあとに〈前置詞＋名詞〉のカタマリを続けて、主語の場所・状況を具体的に説明しましょう。be動詞の直後の「前置詞」をいかにスピーディーに、そして正確に言えるかがポイントです。next to 〜や from A to B のように、カタマリで使う前置詞にも注意しましょう。

---

1. 私はカフェにいます。

2. 私は名古屋出身です。

3. お茶は冷蔵庫の中にあります。
   *冷蔵庫：the refrigerator

4. あなたのカバンはテレビの隣にありますよ。

5. 私はいま、ミキとエリコといます。

6. セミナーは日曜日にあります。

7. お祭りは12時から8時までです。

8. 私はそのアイディアに反対です。

9. 私のマンションは高速道路沿いにあります。
   *マンション：apartment　高速道路：highway

10. そのエレベーターは修理中です。
    *修理：repair

> - be動詞＋前置詞＋名詞で場所を表すときは「〜にいる／ある」と訳す。
>
>   The bank is next to the bookstore.
>   　銀行　＝　本屋の隣
>   （→ 銀行は本屋の隣にあります）

---

1. I'm at a cafe.

2. I'm from Nagoya.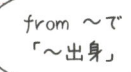

3. The tea is in the refrigerator.

4. Your bag is next to the TV.

5. I'm with Miki and Eriko now.

6. The seminar is on Sunday.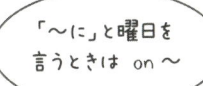

7. The festival is from twelve to eight.

8. I'm against the idea.

9. My apartment is along a highway.

10. The elevator is under repair.

3 I play tennis. 「私はテニスをやります」

ネイティブの感覚で理解しよう〈動詞＋目的語〉
　日本語では、「テニスをやる」のように、「〜を」の部分（目的語）が動詞の「前」に来ますね。しかし英語では、「私はやる」→「テニスを」とあとからつけたします。「動作」を言ってから、直後に「対象」を示すのです。動詞のあとに「何を？」とひと呼吸を入れるようにすると、目的語を英語らしく理解できます。

1. I like this song.

2. I play the piano.

3. I saw the new movie.

4. I have six meetings...

5. My wife is cooking curry.

6. Let's eat dessert.

7. Clean your room!

8. I took a long summer vacation.

9. You speak great Japanese.

10. I bought a formal business suit.

I play tennis.
私はやる（何を？）→ テニスを
　「動作」　　　　「対象」

1. 私は好き この曲が
   （私はこの曲が好きです）

   「何を好きなの？」→ this song
   「何を弾くの？」→ the piano
   「何を観たの？」→ the new movie
   英語では、目的語を動詞のあとに置きます。

2. 私は弾く ピアノを
   （私はピアノを弾きます）

3. 私は観た その新しい映画を
   （私はその新しい映画を観ました）

   haveは「〜を持っている」のほか、「〜がある[いる]」、「〜を食べる[飲む]」など幅広い意味を表す超重要動詞。

4. 私はある ミーティングが6つ
   （私はミーティングが6つあります…）

5. 妻が(いま)作っている カレーを
   （妻がカレーを作っています）

   Let's + 動詞．で文を始めると「(一緒に)〜しよう」

6. 食べよう デザートを
   （デザートを食べましょう）

7. 掃除しなさい 自分の部屋を
   （部屋を掃除しなさい！）

   take a vacation で「休暇を取る」

8. 私は取った 長い夏休みを
   （私は長い夏休みを取りました）

   long summer vacation
   great Japanese
   formal business suit
   →名詞の前に形容詞をつけると内容が豊かになります。

9. あなたは話す 素晴らしい日本語を
   （あなたは日本語がとても上手ですね）

10. 私は買った フォーマルなビジネス・スーツを
    （私はフォーマルなビジネス・スーツを買いました）

3 「私はテニスをやります」 I play tennis.

ここに注意してアウトプットしよう〈動詞＋目的語〉

まずは〈主語＋動詞〉を組み立てましょう。そのあと、「何を？（何が？）」という疑問に答えるようにして目的語（動作の対象）を続けます。この「動作」→「対象」の流れは、英語を英語らしく話すための大きなポイントになります。なお、目的語に置けるのは「名詞」のみです。

---

1. 私はこの映画が好きです。

2. 私はギターを弾きます。

3. 私はそのドラマを観ました。

4. 私は大事なプレゼンがあります。
   *大事な：important

5. 旦那が(いま)夕食を作っています。

6. サラダを注文しよう。
   *注文する：order

7. 歯を磨きなさい。
   *磨く：brush

8. 私は短い休憩を取りました。
   *休憩：break

9. あなたはとても上手な英語を話しますね。

10. 私はカジュアルな春のコートがほしいです。
    *カジュアルな：casual

> 主語 + 動詞 + 目的語
>
> I changed trains.
> 私は 乗り換えた → 電車を
> (私は電車を乗り換えました)
>
> 目的語には「名詞」を置く！

1. I like this movie.

2. I play the guitar.

3. I saw the drama.

   「(テレビ・映画などを)観る」はwatchでもOK

4. I have an important presentation.

5. My husband is cooking dinner.

   「(いま)〜している」は現在進行形の is cooking

6. Let's order salad.

7. Brush your teeth.

   take a break で「休憩を取る」

8. I took a short break.

9. You speak great English.

   You're very good at English. という言い方もできます。

10. I want a casual spring coat.

4 mini test【動詞】

英語は〈主語＋動詞〉の語順で切り出すのが最大の特徴です。動詞は「be動詞」と「一般動詞」があります。それぞれ全く異なる性質を持っているので、両者をしっかり区別することが大切です。以下の問題で使い分けをもう一度確認しましょう。

---

1. 私はお腹が空いています。

2. あなたはとても優しいですね。

3. 私はテニスをします。

4. ミーティングは2時から4時です。

5. 私は新しい冬のコートを買いました。

6. 〈相手を誘って〉デザートを食べましょう。

7. 私はいま、サヤカといます。

8. あなたは歌がとても上手ですね。

9. 私は大事なプレゼンがあります。

10. 私の車は修理中です。

> be動詞は 「＝」
> 　I am Nobu. / I am happy.
> 一般動詞は「動作・状態」
> 　I play the piano. / I like sports.

1. I'm hungry.

2. You're very kind.

3. I play tennis.

4. The meeting is from two to four.

5. I bought a new winter coat.

6. Let's have [eat] dessert.

7. I'm with Sayaka now.

8. You're a great singer.

9. I have an important presentation.

10. My car is under repair.

5 I live in Meguro.「私は目黒に住んでいます」

ネイティブの感覚で理解しよう〈動詞＋in/at～〉 場所

動詞のあとに目的語が続かない場合もあります。たとえば、live（住む）は、I live. と〈主語＋動詞〉だけで文法的には成立します。しかし、内容としては、「どこに」住んでいるのかを言わないと成立しませんね。このような場合は、〈前置詞＋名詞〉をつけたして「どこ？」という情報を補足します。

1. I live in Nakano.

2. Let's meet at Tokyo Station.

3. Look at this chart.

4. I slept on the sofa.

5. We went to Okinawa.

6. My phone fell into the toilet.

7. I work in the Sales Department.

8. We sat around the *kotatsu*.

9. We jogged along the river.

10. I walked from my house to my workplace.

> 主語 + 動詞 ＋ 前置詞 + 名詞
>
> ・動詞のあとに目的語が続かないときは
>   前置詞+名詞で情報をつけ足す。

1. 私は住んでいる 中野に
   (私は中野に住んでいます)

   「どこに住んでるの？」→ in Nakano
   「どこで会う？」→ at Tokyo Station
   後半の前置詞〜(赤字)で具体的な情報を伝えています。

2. 会いましょう 東京駅で
   (東京駅で会いましょう)

3. 見てください この表を
   (この表を見てください)

   atは「1点」のイメージ。目の前にある表「1点」に視線を向ける感じ。look at 〜で「〜を見る」。

4. 私は寝た ソファー(の上)で
   (私はソファーで寝てしまいました)

5. 私たちは行った 沖縄に
   (私たちは沖縄に行きました)

   go to 〜 で「〜に行く」。toを忘れる人が多いので注意。

6. 私の電話が落ちた トイレの中に
   (私の電話がトイレに落ちてしまいました)

7. 私は働いている 営業部で
   (私は営業部で働いています)

   正確には「営業部内」なのでinを使います。

8. 私たちは座った こたつの周りに
   (私たちはこたつの周りに座りました)

9. 私たちはジョギングした 川に沿って
   (私たちは川沿いをジョギングしました)

   from A to B 「AからBまで」は場所についても使えます。

10. 私は歩いた 自宅から職場まで
    (私は自宅から職場まで歩きました)

5 「私は目黒に住んでいます」 I live in Meguro.

ここに注意してアウトプットしよう〈動詞＋in/at〜〉 場所

まずは〈主語＋動詞〉を組み立てましょう。その次に、「どこに？（どこで？）」という情報を補うようにして〈前置詞＋名詞〉のカタマリを続けます。「動作」→「具体的な場所」の流れがポイントです。なお、例文の内容を頭の中ではっきりイメージしながら発話するようにすると、前置詞が一層効果的に身につきます。

1. 私は札幌に住んでいます。

2. カフェで勉強しましょう。

3. この資料を見てください。
   *資料：document

4. 私はカーペットの上で寝ました。

5. 私たちはユミの家に行きました。

6. 私のカメラが池の中に落ちてしまいました。
   *池：pond

7. 私はマーケティング部で働いています。

8. 私は湖の周りをドライブしました。

9. 私たちは線路沿いをジョギングしました。
   *線路：train tracks

10. 私はここから駅まで走りました。

> I went to New York.
> 私は行った → ニューヨークに
> （私はニューヨークに行きました）
>
> 「どこに？」という情報をつけ足す！

1. I live in Sapporo. 「〜に住んでいる」は live in〜

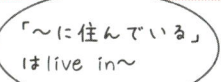

2. Let's study at a cafe.

3. Look at this document.

4. I slept on the carpet. on は「〜の上に」。接触している状態を表します。

5. We went to Yumi's house.

6. My camera fell into the pond.

7. I work in the Marketing Department.

8. I drove around the lake. 「〜部で働いている」は work in the 〜 Department

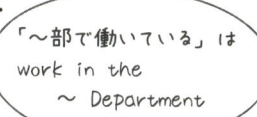

9. We jogged along the train tracks.

10. I ran from here to the station.

6 I get up at six. 「私は6時に起きます」

ネイティブの感覚で理解しよう〈動詞＋in/at〜〉 時

今度は〈主語＋動詞〉に対して「いつ？」という情報をつけたす練習です。文を組み立てる要領は、前回のレッスンと同じですが、使われる前置詞が一部異なります。それぞれの前置詞が表す意味をイメージしながら、文意を取りましょう。

---

1. I get up at six.

2. Let's meet on July 24.

3. I go skiing in January.

4. Please call back in 15 minutes.

5. I sometimes study before work.

6. Please let me know by Friday.

7. I can stay until twelve.

8. Let's go camping during summer vacation.

9. I slept for ten hours.

10. I usually work from nine to seven.

```
主語 + 動詞  ➕  「いつ？」

I go to bed at ten.     → □ at three
私は寝る   10時に          （3時に）
                        □ after dinner
                          （夕食後に）
                              など
```

1. 私は起きる **6時に**
   (私は6時に起きます)

   > 「いつ起きるの？」→ at six
   > 「いつ会う？」→ on July 24
   > 後から細かい情報をつけたします。

2. 会おう **7月24日に**
   (7月24日に会いましょう)

3. 私はスキーに行く **1月に**
   (私は1月にスキーに行きます)

   > inは「（今から）～後に」
   > という意味もあります。

4. 電話をかけ直してください **15分後に**
   (15分後に電話をかけ直してください)

5. 私はときどき勉強する **仕事の前に**
   (私はときどき仕事の前に勉強しています)

   > before「～の前に」
   > after「～の後に」

6. お知らせください **金曜日までに**
   (金曜日までにお知らせください)

   > byは「期限」（～までに）
   > untilは「継続」（～までずっと）

7. 私はいることができる **12時まで(ずっと)**
   (私は12時までいられます)

8. キャンプに行こう **夏休みの間に**
   (夏休みにキャンプに行きましょう)

   > duringとforはどちらも「～の間」という訳になりますが、使い方が異なります。duringは「いつ？」を説明するときに、forは「どのくらい長く？」を説明するときに使います。

9. 私は寝た **10時間**
   (私は10時間寝ました)

10. 私はふだん働く **9時から7時まで**
    (私はふだん9時から7時まで働きます)

6 「私は6時に起きます」 I get up at six.

ここに注意してアウトプットしよう 〈動詞＋in/at〜〉 時

〈主語＋動詞〉を組み立てたあとに、「いつ？」という情報を補うようにして〈前置詞＋名詞〉のカタマリを続けましょう。at/on/in の基本前置詞の使い分けに加えて、「〜の間」「〜まで」など日本人が特に間違えやすいものは、注意して反復練習してください。

---

1. 私は8時に起きます。

2. 木曜日に会いましょう。

3. 私たちは8月にキャンプに行きます。

4. 30分後に帰ってきてください。
   *帰ってくる：come back

5. 私はときどき仕事のあとに勉強します。

6. 5月10日までに返事をください。
   *返事する：reply

7. 私たちは終電まで働きました。
   *終電：the last train

8. 冬休みの間にスキーに行きましょう。

9. 3日間、雨が降りました。

10. 私はふだん、11時から6時まで寝ます。

> ### 間違いやすい前置詞
> - **by** と **until (till)**
>   by は「〜までに」という期限、until は「〜までずっと」という終わるまでの継続。
> - **for** と **during**
>   for は期間の長さを表し、during は特定の期間内を表す。

1. I get up **at eight**.

   > 使い分けに注意
   > 「時刻」はat
   > 「日付」はon
   > 「月」はin

2. Let's meet **on Thursday**.

3. We go camping **in August**.

4. Please come back **in 30 minutes**.

   > after 30 minutes としないように。「(今から)〜後に」はin〜

5. I sometimes study **after work**.

6. Please reply **by May 10**.

   > by と until の使い分けに注意。

7. We worked **until the last train**.

8. Let's go skiing **during winter vacation**.

   > during と for の使い分けに注意。

9. It rained **for three days**.

10. I usually sleep **from eleven to six**.

INPUT 7 I live with my parents.
「私は両親と住んでいます」

ネイティブの感覚で理解しよう〈動詞＋with/by〜〉

前置詞は「場所」や「時」以外にも、様々な情報をつけたすために役立ちます。これまでと同じ要領で、〈主語＋動詞〜〉に対して、「誰と？」「どうやって？」「何について？」などの情報を補うようにして、以下の英文の赤字部分（前置詞〜）を読み取りましょう。

1. I live with my parents.

2. I went by car.

3. I work as an accountant.

4. You look like your sister.

5. We talked about next week's presentation.

6. I'm looking for my wallet.

7. We're waiting for Kenta.

8. He fought against the government.

9. She left without a word.

10. I grew through the experience.

> 主語 + 動詞 ＋ 「誰と？」 □ with + 人
> 「どうやって？」 □ by + 手段
> 「何について？」 □ about ～
> □ for ～
>
> 前置詞は「場所」や「時」以外にも使えるよ！

1. 私は住んでいる **両親と**
   (私は両親と住んでいます)

   > 「誰と住んでるの？」
   > → with my parents
   > 「どうやって行ったの？」
   > → by car

2. 私は行った **車で**
   (私は車で行きました)

3. 私は働いている **経理として**
   (私は経理として働いています)

4. 私は見える **妹のように**
   (あなたは妹さんに似ていますね)

   > likeは「～のように[な]」。
   > look like ～で「～のように見える」→「～に似ている」

5. 私たちは話し合った **来週のプレゼンについて**
   (私たちは来週のプレゼンについて話し合いました)

6. 私は目を向けている **私の財布を求めて**
   (私は財布を探しています)

   > forは漠然とした方向性や目的を表します。look for ～は「～を(求めて)探す」、wait for ～は「～を(求めて)待つ」

7. 私たちは待っている **ケンタのことを**
   (私たちはケンタを待っています)

8. 彼は闘った **政府に反発して**
   (彼は政府に反発して闘いました)

   > againstの反対はfor

9. 彼女は帰った **一言も言わずに**
   (彼女は一言も言わずに帰った)

   > withは「～と(一緒に)」、withoutは反対の意味で「～なしで」

10. 私は成長した **その経験を通じて**
    (私はその経験を通じて成長しました)

OUTPUT 7 「私は両親と住んでいます」
I live with my parents.

ここに注意してアウトプットしよう〈動詞＋with/by〜〉
〈主語＋動詞〜〉を組み立てたあとに、内容に合わせて前置詞を使い分けながら、細かい情報をつけたしましょう。

---

1. 私はエリコと勉強しました。

2. 私はバスで行きました。

3. 私はコンサルタントとして働いています。
   *コンサルタント：consultant

4. あなたはお父さんに似ていますね。

5. 私たちは予算について話し合いました。
   *予算：budget

6. 白いシャツを探しているのですが。（買い物）

7. 次の電車を待ちましょう。

8. 多くの人がその法案に反発して闘いました。
   *法案：bill

9. 私はメガネなしでは（よく）見えません。
   *（よく）見えない：can't see

10. 私とアヤコは共通の友人を通じて出会いました。
    *共通の友人：mutual friend

> ### 反対の意味をもつ前置詞
> - **with と without**
>   with は「〜と(一緒に)」、without は「〜なしで」の意。
> - **for と against**
>   for は「〜に賛成で」、against は「〜に反対して」の意。

1. I studied with Eriko.

   > by car「車で」
   > by bus「バスで」
   > by train「電車で」

2. I went by bus.

3. I work as a consultant.

4. You look like your father.

5. We talked about the budget.

   > talk about 〜で「〜について話す」と覚えておきましょう。

6. I'm looking for a white shirt.

   > I'm looking for 〜.「〜探しているのですが」は買い物の定番表現。

7. Let's wait for the next train.

8. Many people fought against the bill.

   > against は「対立」「反発」を表します。

9. I can't see without my glasses.

10. Ayako and I met through a mutual friend.

    > 「〜を通じて」は through〜

INPUT 8 The package arrived today.
「今日、小包が届きました」

ネイティブの感覚で理解しよう〈動詞＋副詞〉

〈主語＋動詞〉のあとは「副詞」を続けることもできます。副詞とは、today（今日）、there（あそこ）、hard（一生懸命）のように、それ一語で「いつ？」「どこ？」「どんな風に？」といった情報をプラスする言葉です。これまで同様、〈主語＋動詞〉のあとに少し間を置き、副詞で文の意味を補う感覚を確かめましょう。

1. The package arrived today.

2. Mr. Hayashi called 5 minutes ago.

3. He came late.

4. Let's sit there.

5. Sayaka went home.

6. The girl looked away.

7. Please speak slowly.

8. We worked hard.

9. Let's go together.

10. The baby slept peacefully.

主語 + 動詞 ＋ 副詞

The bus left 3 minutes ago.
バスは 出発した 3分前に
(バスは3分前に出発しました)

---

1. 小包が届いた 今日
   (小包は今日届きました)

   「いつ届いたの？」→ today

2. 林さんが電話した 5分前に
   (5分前に林さんから電話がありました)

   〜 ago で「(今から)〜前」

3. 彼は来た 遅れて
   (彼は遅刻して来ました)

4. 座ろう あそこに
   (あそこに座りましょう)

5. サヤカは行った 家に
   (サヤカに家に帰りました)

   go home で「家に帰る」

6. 女の子は向いた 離れた方向に
   (女の子は顔をそむけました)

   away は「離れて」

7. 話してください ゆっくりと
   (ゆっくりと話してください)

   「どんな風に話すの？」→ slowly
   「どんな風に働いたの？」→ hard

8. 私たちは働いた 一生懸命
   (私たちは一生懸命働きました → 頑張りました)

9. 行こう 一緒に
   (一緒に行きましょう)

10. 赤ちゃんは眠っていた 静かに
    (赤ちゃんは静かに眠っていました)

8 「今日、小包が届きました」
The package arrived today.

ここに注意してアウトプットしよう〈動詞＋副詞〉

〈主語＋動詞〉のあとに副詞を続けて、「いつ？」「どこ？」「どんな風に？」といった情報を補いましょう。〈前置詞＋名詞〉のカタマリに比べて、副詞は基本的にたった1語で使いますが、この文末の1語が大きな意味を持ちます。副詞が表す意味をはっきりと頭の中でイメージするようにすると、一層定着します。

---

1. 昨日、メールが来ました。

2. 電車は3分前に出発しました。
   *「出発した」はleft

3. 飛行機は遅れて到着しました。

4. こっちに来てください。

5. 家に帰りましょう。

6. ネコは逃げていきました。
   *「逃げていく」は、「離れた方向に走る」と考えましょう

7. ゆっくりと運転してください。

8. 私は一生懸命勉強しました。

9. 一緒に食べましょう。

10. 少年が幸せそうにほほえみました。
    *「幸せそうに」はhappily

副詞とは

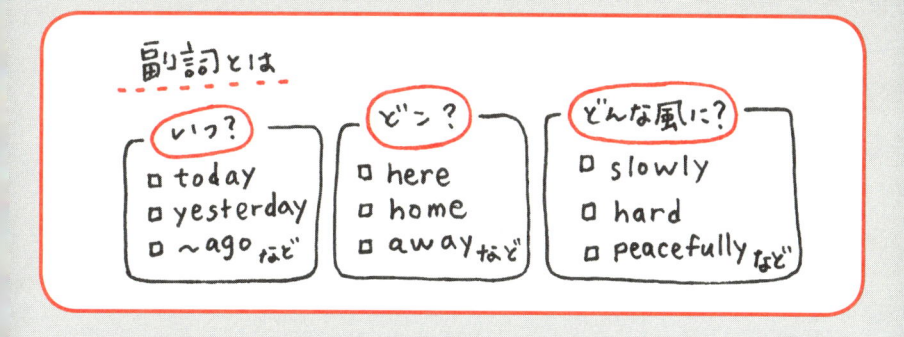

いつ?
- today
- yesterday
- ～ago など

どこ?
- here
- home
- away など

どんな風に?
- slowly
- hard
- peacefully など

---

1. The e-mail came yesterday.

2. The train left 3 minutes ago.

   > before 3 minutesとしないように注意。「(今から)～前」は ～ago。

3. The plane arrived late.

   > late 1語で「遅れて、遅くに」

4. Come here.

5. Let's go home.

6. The cat ran away.

   > run awayで「離れた方へ走る」→「逃げる」

7. Please drive slowly.

8. I studied hard.

9. Let's eat together.

10. The boy smiled happily.

    > happyは形容詞で「幸せな」、happilyは副詞で「幸せそうに」。

9 mini test 【修飾語】

Lesson5〜8では、〈主語＋一般動詞〉の文に対して、様々な前置詞や副詞（＝修飾語）を使って「いつ？」「どこで？」「誰と？」などの情報をつけたす練習をしました。今回は、それら全てを混ぜた問題です。修飾語をパッと使い分けられるかを確認してみましょう。

1. 私はソファーで寝ました。

2. 駅で会いましょう。

3. 金曜日までに私にお知らせください。

4. 私たちは予算について話し合いました。

5. 私は23時まで勉強しました。

6. 次のバスを待ちましょう。

7. 〈電話で〉10分後にかけ直してください。

8. 私はこの経験を通じて成長しました。

9. 私は今朝、川沿いをジョギングしました。

10. 私はデザイナーとして20年間働きました。

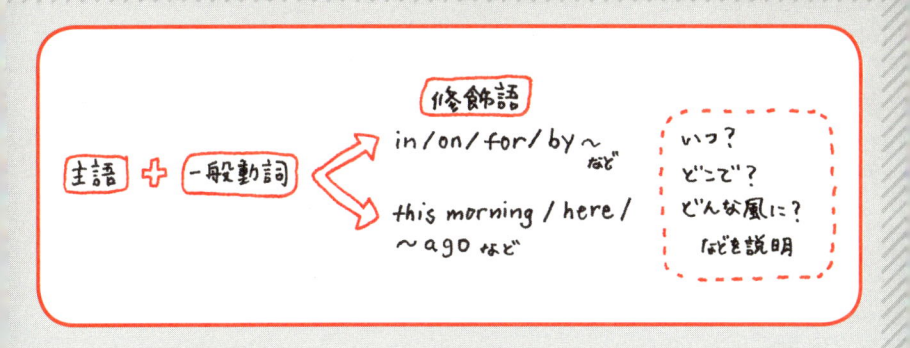

主語 + 一般動詞 → 修飾語
- in / on / for / by ~ など
- this morning / here / ~ ago など

いつ？
どこで？
どんな風に？
などを説明

1. I slept on the sofa.

2. Let's meet at the station.

3. Please let me know by Friday.

4. We talked about the budget.

5. I studied until eleven.

6. Let's wait for the next bus.

7. Please call back in 10 minutes.

8. I grew through this experience.

9. I jogged along the river this morning.

10. I worked as a designer for 20 years.

10 final test SV + α ① 【統合型】

Part 1 の仕上げとして、ここまで学習した〈つけたし〉表現を統合させた長めの文を紹介します。「いつ？」「どこで？」「どんな？」などを意識しながら、それぞれの情報を順番に拾っていきましょう。うしろから読み返すことなく、英語の語順のままパッと理解できるようになったら、ネイティブの感覚が着実に身についてきている証拠です。

1. We were very busy yesterday.

2. I went to a seminar on Friday.

3. I came home by taxi last night.

4. I had dinner with my friends at an Italian restaurant.

5. She bought a new dress for the wedding party.

6. I'm at Starbucks with Yuriko and Yuji now.

7. Let's go skiing in Hokkaido during the New Year's vacation.

8. I worked as a receptionist at a bank for two years.
   *receptionist：受付担当

9. The store is open from ten to nine during weekends.

10. Please let Mr. Hira know by phone or e-mail by Wednesday, May 4.

```
          何を?         誰と?              どこで?           いつ?
I had lunch → with Yumi → at a Chinese restaurant → yesterday.
食べた 昼ご飯を    ユミと        中華料理屋で              昨日
```

1. 私たち＝とても忙しかった 昨日
   （私たちは昨日、とても忙しかったです）

2. 私は行った セミナーに 金曜日に
   （私は金曜日にセミナーに行きました）

3. 私は来た 家に タクシーで 昨夜
   （彼は昨夜、タクシーで家に帰ってきました）

4. 私は夕食を食べた 友人と イタリアンのお店で
   （私は友達とイタリアンのお店で夕食を食べました）

5. 彼女は新しいドレスを買った 結婚パーティーのために
   （彼女は結婚パーティーのために新しいドレスを買いました）

6. 私＝スターバックスに(いる) ユリコとユウジと 今
   （私は今、ユリコとユウジとスターバックスにいます）

7. スキーしに行こう 北海道に お正月休みの間に
   （お正月休みは北海道にスキーしに行きましょう）

8. 私は働いた 受付として 銀行で 2年間
   （私は2年間、銀行で受付として働きました）

9. 店＝空いている 10時から9時まで 週末の間は
   （その店は、週末は10時から9時まで営業しています）

10. 平さんに知らせてください 電話かメールで 5月4日の水曜日までに
    （5月4日の水曜日までに、平さんに電話かメールでお知らせください）

> 「場所」→「時」の順番でつけたすのが基本です。

10 final test SV + α ① 【統合型】

〈主語+動詞〉のあとに様々な情報をつけたす練習をしましょう。be動詞でA=Bを表す、目的語で動作の「対象」を示す、〈前置詞+名詞〉や副詞で「いつ？」「どこ？」「どんな風に？」などの情報を補う。こういったポイントを意識しながら、パッと文を組み立てられるまで繰り返してみてください。

---

1. 私は昨日、とても疲れていました。

2. 私は土曜日にコンサートに行きました。

3. 私は昨夜、バスで家に帰ってきました。

4. 私は同僚とバーで一杯飲みました。
   *一杯飲む：have a drink

5. 彼は面接のために新しいスーツを買いました。
   *面接：the interview

6. 私は今、カナコとユミとカフェにいます。

7. ゴールデンウィークの間、長野にハイキングしに行きましょう。

8. 私は英語の先生として3年間、ECB社で働きました。
   *ECB社：ECB Company

9. その店は、年末年始は31日から2日まで閉まっています。
   *年末年始：the New Year's

10. 金曜日までにメールでレポートを送ってください。

> - be動詞 + 名詞・形容詞 → She is busy.
> - be動詞 + 前置詞～ → I'm at home.
> - 一般動詞 + 目的語 → I like sports.
> - 一般動詞（+ 目的語）+ 修飾語
>   → I had dinner with my friends.

1. I was very tired yesterday.

2. I went to a concert on Saturday.

3. I came home by bus last night.

4. I had a drink with my colleague at a bar.

5. He bought a new suit for the interview.

6. I'm at a cafe with Kanako and Yumi now.

7. Let's go hiking in Nagano during Golden Week.

8. I worked as an English teacher at ECB Company for three years.

9. The store is closed from the 31st to the 2nd during the New Year's.

10. Please send the report by e-mail by Friday.

PART 2

中2英語の基礎

「つけたしのパターンを増やす」

表現力を高めるための基本トレーニング

中2の英語 ここがポイント！

　中1で練習した「前置詞」や「副詞」以外にも、つけたし表現は沢山あります。中2では、そのバリエーションを増やして表現力をぐんと高めていきましょう。ここでは、まず中2英語の基礎知識として、次の表現を確認しておいてください。

■「未来」を表す表現

　中1では、「現在形」「現在進行形」「過去形」の3つの時制を扱いました。これらにより、「過去」から「いま」の範囲内のことはほとんど表せます。中2では、今度は「未来のこと」「これからのこと」が加わります。

　未来にすることを述べるときは、be going to または will を使います。これらを動詞の前に置くことで、未来を表すことができるのです。以下は、それぞれの代表的な使い方です。

● しようと思っていること、計画していること（予定）

　　I am going to see Yuki tomorrow.
　　　　会うつもり　　　　　　　　明日　　＝明日、ユキちゃんに会うよ。

●「〜するね」（約束）、「〜してあげるよ」（申し出）

　　I will call back later.
　　　電話するね　　　　後で　　＝また後で電話するね。

■「助動詞」で気持ちを表現

　上の未来を表す表現でも見たように、実は動詞の前に言葉を置くことで、動詞に対して様々なニュアンスを加えることができます。can、have to、should の3つの表現は、必ず押さえておきましょう。

●can 〜「〜できる」

能力をアピールしたり、何かが可能かどうかを述べるときに使います。

> I <u>can</u> play the guitar. 私、ギター弾けるよ。
> 　　　　　　　　　　　↑「すごいでしょ」とちょっと自慢気
>
> I <u>can</u> meet you at five. 5時ならお会いできます。

●have to 〜「〜しなければならない」

「〜しなきゃ」というプレッシャーや義務を表します。

> I <u>have to</u> go home soon. もうすぐ家に帰らなきゃ。

似た表現にmustがありますが、mustはhave toに比べて「非常に強いプレッシャー」を表します。「どうしてもやらなきゃ！」と心の中で感じているときはmustを使います。例) I must stop smoking.「(どうしても) 禁煙しなきゃ」日常生活ではhave toを使うことが多いです。

●should 〜「〜した方がいい」「〜すべき」

ある行動を勧めたり、助言したりするときに使います。

> You <u>should</u> watch this movie. この映画、観た方がいいよ。
> 　　　　　　　　　　　　　　　　↑「オススメ！」という気持ち
>
> You <u>should</u> go see a doctor. 医者に診てもらうべきだよ。

■「There is 〜.」で「〜がある、〜がいる」

「〜がある」「〜がいる」と、あるモノ（または人）が存在することを述べるときは、**There is** で文を切り出します。**There is** は一種の前置き表現で、このあとに実際に何がある[いる]のかを続けます。

　　　　　　　　　　前置き　　　　主語
> Look! **There is** a little cat under the car.
> 　見て！　　いるよ　　　　子猫が　　　車の下に
> 　　　　　　　　　　　　　　　　　　= 見て！ 車の下に子猫がいる。

※「There is 〜.」は特殊な文で、主語は文頭のThereではなく、There isのあとの名詞です。

11 to ～ 「～するために」

ネイティブの感覚で理解しよう〈to～〉

「靴を買うためにデパートに行った」のように、ある行動の目的を言うときは〈to + 動詞〉を文につけたします。ポイントは、to ～を文の後半に置くということです。「デパートに行った」と言ったあとで、(何のために？)「靴を買うために」と目的をつけたします。日本語との語順の違いに注意しましょう。

---

1. I went to Shibuya to buy a new jacket.

2. I visited Osaka to see a client.

3. I'm calling to make a reservation.

4. Many people use their smartphone to read the news.

5. You need eggs to make pancakes.

6. Press this button to turn on the heater.
   *turn on：～をつける

7. You should put on sunblock to protect your skin.
   *sunblock：日焼け止め

8. I'm reading this book to learn more about global warming.

9. We have to leave by ten to get there at two.

10. We had a meeting to discuss some important issues.
    *discuss：～について議論する

> 行動: I went to the department store 私はデパートへ行った（どうして？）
> 目的: to buy shoes. 靴を買うために

1. 私は渋谷に行った 新しいジャケットを買うために(私は新しいジャケットを買いに渋谷に行きました)

    「行動」→「目的」の流れを意識しましょう。

2. 私は大阪を訪れた お客様に会うために(私はお客様に会いに大阪を訪れました)

3. 私は電話している 予約をするために(私は予約をしたくて電話しています)

    I'm calling to 〜. は電話の用件を伝えるための定番表現。

4. 多くの人がスマホを使っている ニュースを読むために(多くの人がスマホを使ってニュースを読んでいます)

5. 卵が必要だ ホットケーキを作るためには(ホットケーキを作るには卵が必要です)

    to〜のカタマリが長くなることがあります。カタマリ全体で目的を表していることを意識しましょう。

6. このボタンを押してください ヒーターをつけるには(ヒーターをつけるにはこのボタンを押してください)

7. 日焼け止めを塗った方がいい 肌を守るために(肌を守るために、日焼け止めを塗った方がいいですよ)

8. 私はこの本を読んでいる 地球温暖化についてもっと知るために(私は地球温暖化についてもっと知りたくて、この本を読んでいます)

9. 私たちは10時には出発しなければならない そこに2時に着くためには(そこに2時に着くには、10時には出発しなければなりません)

10. 私たちはミーティングを行った いくつかの重大な問題について議論するために(私たちはいくつかの重大な問題について議論するためにミーティングを行いました)

11 「〜するために」 to 〜

ここに注意してアウトプットしよう〈to〜〉
〈主語＋動詞〉で文の土台を作り、そのあとに「〜するために」とその行動の目的をつけたしましょう。なお、to のあとに置く動詞は常に「原形」(もとの形) のまま使いましょう。

---

1. 私は友人に会いに京都に行きました。

2. 私たちはプレゼンをするために中国を訪問しました。

3. 佐藤さんが明日のミーティングを中止するために電話をしてきました。

4. 私は仕事に行くのにバスを使います。
   *〜に行く：get to 〜

5. このスープを作るには牛乳が必要です。

6. 電気を消すにはこのボタンを押してください。

7. 体を冷やすためにこの水を飲んでください。
   *冷やす：cool down

8. 私は健康を保つために毎日ジョギングしています。
   *健康を保つ：keep my health

9. その試合に勝つには、私たちは一生懸命練習しなければなりません。

10. その国は、次の大統領を決めるために選挙を行いました。
    *選挙を行う：hold an election　決める：decide

> ✗ to buy~~s~~ → to buy
> ✗ to play~~ed~~ → to play
>
> toのあとの動詞は常に原形！

---

1. I went to Kyoto to see my friend.

2. We visited China to make a presentation.

3. Mr. Sato called to cancel tomorrow's meeting.

4. I use the bus to get to work.

   （「バスを使って仕事に行きます」と訳すこともできます。）

5. You need milk to make this soup.

6. Press this button to turn off the light.

   （「消す」はturn off 「つける」はturn on）

7. Drink this water to cool down your body.

8. I jog every day to keep my health.

   （「～するためには…しなければならない」と条件を述べるような文脈でも使えます。）

9. We have to practice hard to win the game.

10. The country held an election to decide the next president.

12 to 〜 「〜して」

ネイティブの感覚で理解しよう〈to〜〉

　行動の目的に加えて、気持ちの原因を説明したいときにも to 〜が使えます。I'm glad to meet you. の場合、「私は嬉しい」→（どうして？）「あなたに会えて」という意味になります。気持ちを表す形容詞の直後に to 〜を置くことで、「どうして」そのように感じるのか（原因）を説明できるのです。

---

1. I'm glad to meet you.

2. I'm happy to hear that.

3. I'm sorry to bother you.
   *bother：邪魔をする、迷惑かける

4. I'm sorry to hear that.

5. I'm surprised to see you here!

6. She was very sad to lose the game.

7. I'll be happy to help you.

8. Jack is very excited to come to Japan.

9. I was shocked to learn about the accident.

10. I was irritated to see the messy room.
    *irritated：イライラした　messy：散らかった

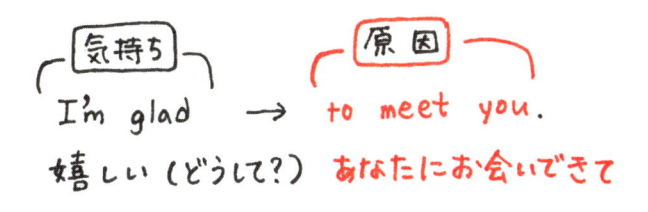

> 気持ち → 原因
> I'm glad → to meet you.
> 嬉しい（どうして？） あなたにお会いできて

1. 私は嬉しい あなたに会えて
   （あなたにお会いできて嬉しいです）

   「気持ち」→「原因」の流れを意識しましょう。

2. 私は嬉しい それを聞いて
   （私はそれを聞いて嬉しいです → それは良かったですね）

3. 私はすまなく思う あなたの邪魔をして
   （邪魔してごめんなさい）

   Sorryは謝罪に加えて同情を表すときにも使います。

4. 私は気の毒に思う それを聞いて
   （私はそれを聞いて気の毒に思います → それはお気の毒に……）

5. 私は驚いている ここであなたに会って
   （あなたにここで会うとは、びっくり！）

6. 彼女はとても悲しかった 試合に負けて
   （彼女は試合に負けてとても悲しかった）

   I will be happy to 〜 . は「喜んで〜する」。助けを申し出るときの定番表現です。

7. 私はとても嬉しく思う あなたを手伝えて
   （私は喜んであなたをお手伝いしますよ）

8. ジャックはとてもワクワクしている 日本に来て
   （ジャックは日本に来られてとてもワクワクしている）

9. 私はショックを受けた その事故のことを知って
   （私は事故のことを知ってショックを受けました）

   shockedやirritatedなども気持ちを表す形容詞です。

10. 私はイライラした 散らかった部屋を見て
    （私は散らかった部屋を見てイライラしました）

12 「〜して」 to 〜

ここに注意してアウトプットしよう 〈to〜〉

気持ちを言ったあとに、「どうして」そのように感じるのかを補足するように to 〜 をつけたしましょう。なお、〈形容詞 + to 〜〉の形が使われるのは、実は限られた形容詞だけです。右にあるものから、確実に使えるようになりましょう。

---

1. あなたにお会いできて嬉しいです。

2. それを聞いて嬉しいです。(→それは良かったですね)

3. 早くに帰ってごめんなさい。
   *早くに帰る：leave early

4. それを聞いて気の毒に思います。(→それはお気の毒に……)

5. 私は試験に合格して驚きました。

6. ミカは別れを告げるのが悲しかった。
   *別れを告げる：say goodbye

7. 喜んであなたをご案内しますよ。
   *(相手を)案内する：show you around

8. 私たちは、新商品を発表できてとてもワクワクしています。
   *発表する：announce　　新商品：our new product

9. 私は彼の死について知って、ショックを受けました。

10. 私はそれを聞いてホッとしています。
    *ホッとして(安心して)：relieved

> **形容詞 + to 〜**
> - happy [glad] to 〜　　〜して嬉しい
> - sad to 〜　　　　　　〜して悲しい
> - sorry to 〜　　　　　〜してごめんなさい
> - surprised to 〜　　　〜して驚いている

1. I'm glad to meet you.

2. I'm happy [glad] to hear that.

   > 良い知らせを受けたときの定番の相づち。

3. I'm sorry to leave early.

4. I'm sorry to hear that.

5. I was surprised to pass the test.

6. Mika was sad to say goodbye.

7. I'll be happy to show you around.

   > We're excited to announce 〜. はビジネスでよく使われるフレーズ。

8. We're very excited to announce our new product.

9. I was shocked to learn about his death.

10. I'm relieved to hear that.

    > learnは「学ぶ」だけではなく、「知る」という意味でも使います。

13 to 〜 「〜すること」

ネイティブの感覚で理解しよう〈to〜〉

ネイティブは to 〜をとても柔軟に使いこなします。ここまで学んだ to 〜は動詞（行動）や形容詞（気持ち）を補足説明するものでしたが、他にも「〜すること」を表す用法があります。I like <u>to cook</u>. の文は、I like（私は好き）と言ったあとに、(何が？)「料理することがね」とその対象（目的語）を言っています。

---

1. I like to play golf.

2. We need to order ink.

3. I want to watch this movie.

4. I'm planning to move next year.

5. We hope to see you again.

6. Please remember to make a reservation.

7. Promise to be careful.

8. She kindly offered to help us.

9. My goal is to get a score of 600.

10. Our plan is to open 5 stores in the next 3 years.

I like **to cook**.
好き（何が？）料理をすることが

- 動詞の対象
- to〜 のカタマリが名詞として働きます。
- 名詞なので、be動詞のあとに置くこともできます。

My dream is **to play in the Olympics**.
私の夢 ＝ オリンピックでプレーすること

- 主語の中身の説明

---

1. 私は好き ゴルフをすることが
   （私はゴルフをするのが好きです）

   動詞の意味を取ったあと、「何を？」と対象に意識を向けてみましょう。その対象を表すのがto〜です。

2. 私たちは必要 インクを注文することが
   （私たちはインクを注文しなければなりません）

3. 私は欲している この映画を観ることを
   （私はこの映画を観たいです）

   want to 〜で「〜することを欲する」→「〜したい」

4. 私は計画している 来年引っ越すことを
   （私は来年引っ越そうと計画しています）

5. 私たちは望んでいる あなたにまた会えることを
   （私たちは、あなたにまた会えればと思っています）

   remember to 〜は「〜することを覚えておく（忘れない）」

6. 覚えておいてください 予約をすることを
   （予約をすることを忘れないでください）

7. 約束してください 気をつけることを
   （気をつけると約束してください）

   kindly offer（親切にも申し出る）は定番の組み合わせ

8. 彼女は親切に申し出てくれた 私たちを手伝うことを
   （彼女は親切にも、私たちを手伝ってくれると申し出てくれました）

9. 私の目標 ＝ 600点を取ること
   （私の目標は、600点を取ることです）

   to 〜の長いカタマリに注意しましょう。

10. 私たちの計画 ＝ 今後3年で5店舗をオープンすること
    （私たちの計画は、今後3年で5店舗をオープンすることです）

13 「～すること」 to ～

ここに注意してアウトプットしよう 〈to～〉

1.～7. では、〈主語＋動詞〉を組み立てたあとに、「何を？」の内容を補うようにして to ～（目的語）を続けましょう。8.～10. では、be 動詞を使って A＝B の関係を表しましょう。be 動詞のあとに to ～を続けて、主語の中身を説明します。

---

1. 私は料理するのが好きです。

2. 私は新しい靴を買わなければなりません。

3. 私はコーヒーが飲みたい。

4. その会社は新しいサービスを始めようと計画しています。

5. 私たちは来年カナダを訪問できればと思っています。
   *hopeを使いましょう。

6. 電気を消すのを忘れないでください。
   *rememberを使いましょう。

7. 彼女は8時に来ると約束しました。

8. 彼は親切にも、私のコンピューターを直すと申し出てくれました。

9. 私たちの目標は、500台販売することです。
   *～台：～unit(s)

10. 私の計画は、8月までに2キロ減らすことです。
    *(体重を)2キロ減らす：lose 2 kilos

> **動詞 + to ～**
>
> - like to ～　～するのが好き
> - need to ～　～しなければならない
> - want to ～　～したい
> - plan to ～　～しようと計画する
> - hope to ～　～であればよいと思う
>
> 共通イメージ
> いずれも未来志向の動詞

1. I like **to cook**.

2. I need **to get new shoes**.

   > 「～しなければならない」は、have to ～ で表すこともできます。

3. I want **to drink coffee**.

4. The company is planning **to start a new service**.

5. We hope **to visit Canada next year**.

   > hope to ～は「(できれば)～したい」「～だといいな」という望みを表します。

6. Please remember **to turn off the light**.

7. She promised **to come at eight**.

8. He kindly offered **to fix my computer**.

9. Our goal is **to sell 500 units**.

   > 主語 is to ～ . の形は、goal、hobby、dream、plan などが主語になることがよくあります。

10. My plan is **to lose 2 kilos by August**.

14 -ing 「～すること」

ネイティブの感覚で理解しよう 〈-ing〉

「～すること」は、動詞に ing をつけた形 (=動詞の -ing 形) で表すこともできます。eat は「食べる」、eating なら「食べること」。to ～との使い分けは、どの動詞のあとで使うかです。stop(やめる、止まる) や enjoy(楽しむ) など、躍動的な活動と結びつく動詞のあとでは、目的語は -ing 形をとります。to ～は「未来志向」が共通イメージでしたね。

---

1. It stopped raining.

2. I finished writing the report.

3. I enjoy experiencing new things.

4. Let's practice making a presentation.

5. I'm considering changing jobs.

6. My friend recommended visiting Nikko.

7. The athlete admitted using illegal drugs.
   *admit：認める　illegal：違法の

8. The president denies lying to the people.
   *deny：否定する　lie：嘘をつく (-ing形はlying)

9. My hobby is collecting old records.

10. Creativity is just connecting things.
    *スティーブ・ジョブズの言葉。

> 動詞の対象
> Stop talking. ← Stop to talk は誤り！
> やめなさい おしゃべりするのを
> 　　　　　　　　　主語の中身の説明
> My hobby is visiting art museums.
> 私の趣味 ＝ 美術館を訪れること

1. 止まった 雨が降るのが
   （雨がやみました）

> to ～同様、「動詞」→「対象」の流れを意識して意味を取りましょう。

2. 私は終えた レポートを書くことを
   （私はレポートを書き終えました）

3. 私は楽しいと思う 新しいことを経験することが
   （私は新しいことを経験するのが好きだ）

4. 練習しよう プレゼンをすることを
   （プレゼンするのを練習しましょう）

5. 私は検討している 仕事を変えることを
   （私は転職しようか考えています）

> considerは少しかしこまった言葉。よりくだけた言い方はthink about ～（～について考える）。

6. 私の友人が薦めた 日光を訪れることを
   （日光を訪れるべきだと友人が薦めました）

7. その選手は認めた 違法の薬物を使ったことを
   （その選手は違法の薬物を使ったことを認めました）

> admit ～ing は「（何かいけないことをしたと）認める」
> deny ～ing は「（いけないことはしていないと）否定する」

8. 大統領は否定している 国民に嘘をついたことを
   （大統領は、国民には嘘をついていないと言っています）

9. 私の趣味 ＝ 古いレコードを集めること
   （私の趣味は、古いレコードを収集することです）

10. 創造 ＝ 単に物事をつなげること
    （創造とは、単に何かと何かをつなげることです）

14 「〜すること」 -ing

ここに注意してアウトプットしよう 〈-ing〉

1.〜8.では、〈主語＋動詞〉のあとに、-ing形の目的語を続けましょう。9.〜10.では、be動詞を使ってA=Bの関係を表します。to〜同様、be動詞のあとの-ing形は主語の中身となります。

---

1. 私はタバコを吸うのをやめました。
   *タバコを吸う：smoke

2. 私はこの本を読み終えました。

3. 私の母はジャズを聞くのが好きです。
   *enjoyを使いましょう。

4. 私は英語を話すのを練習しています。

5. 私たちは大阪に引っ越すことを検討しています。

6. 私はこの本で勉強することを薦めます。

7. その少年は窓を割ったことを認めました。

8. その男性はお金を盗んでいないと言っています。

9. 私の夢は、100カ国に旅行することです。

10. 一番大事なのは、お客様を満足させることです。
    *the most important thingを主語にしましょう。

> **動詞 + -ing形**
> - stop -ing ～するのをやめる
> - finish -ing ～し終える
> - enjoy -ing ～するのが好き
> - practice -ing ～するのを練習する
>
> 共通イメージ：躍動感

1. I stopped smoking.

   （「～し終える」は finish ～ ing（～することを終える））

2. I finished reading this book.

3. My mother enjoys listening to jazz.

   （「好き」は like 以外にも enjoy（楽しいと思う）で表せます。）

4. I'm practicing speaking English.

5. We're considering moving to Osaka.

6. I recommend studying with this book.

   （この with は「～を使って」(道具)）

7. The boy admitted breaking the window.

8. The man denies stealing the money.

9. My dream is traveling to 100 countries.

   （My dream is to travel to ～ . とも言えます。）

10. The most important thing is satisfying our customers.

15 to 〜 「〜するための」「〜するべき」

ネイティブの感覚で理解しよう〈to〜〉

to 〜は万能表現で、名詞を説明する形容詞のような使い方をすることもできます。名詞の直後に to 〜をくっつければ、「〜するための（モノ・人）」より具体的に名詞を説明できます。以下の文では、名詞の意味を取ったあとに、to 〜の部分で「どんな？何のための？」という補足情報を読み取りましょう。

1. It's time to go to bed.

2. I have a lot of work to do today.

3. Can I have something to drink?

4. I have nothing to do today.

5. We have many things to discuss.

6. I bought a book to read on the plane.

7. Kyoto is a great place to visit during autumn.

8. Yuji is the best person to become captain.

9. What's the best way to get to Shinjuku?

10. Do you have anything warm to wear?

> I want something.　私は**何か**欲しい。
> 　　　　　　　**何か**
>
> 何かって？　⬇　漠然としているので**to~**で補う
>
> I want something **to eat**.　私は**何か食べる**
> 　　　　何か　　食べるための　　**(ための)もの**が欲しい。

---

1. 時間だ **寝るための**
   (寝る時間です)

2. 私はたくさん仕事がある **今日やるべき**
   (私は今日、やるべき仕事がたくさんあります)

3. 何かいただけますか **飲むための(もの)**
   (何か飲むものをいただけますか)

4. 私は何もない **今日やるべき(こと)**
   (私は今日、やることが何もありません)

5. 私たちはたくさんのことがある **議論すべき**
   (私たちは議論すべきことがたくさんあります)

6. 私は本を買った **機内で読むための**
   (私は機内で読むための本を買いました)

7. 京都は素晴らしい場所だ **秋に訪れるのに**
   (京都は、秋に訪れるのに素晴らしい場所です)

8. ユウジが最適の人だ **キャプテンになるのに**
   (ユウジは、キャプテンになるのに最適の人です)

9. 何が一番良い方法ですか **新宿まで行くための**
   (新宿まで行くには、何が一番良い方法ですか)

10. あなたは何か暖かいものがありますか **着るための**
    (あなたは何か暖かい着るものはありますか)

> 漠然とした名詞を、to ~ がうしろから補足説明しています。
> - time to go to bed　寝る(ための)時間
> - work to do　やるべき仕事
> - something to drink　飲む(ための)何か(＝飲み物)

> to ~は「人」の説明にも使えます。
> - person to become captain　キャプテンになる人

> -thingで終わる名詞と一緒に形容詞を使う場合は、-thingのうしろに形容詞を置きます。

15 「〜するための」「〜するべき」 to 〜

ここに注意してアウトプットしよう〈to〜〉

　日本語の赤字の説明部分が直後の名詞にかかっていることをハッキリ意識しましょう（「家に帰る時間」）。英語ではこの説明を名詞の「うしろ」に置きます。名詞を言ったあとに、「どんな？何のための？」を補うようにして to 〜を続けましょう。なお、この形を取るのは、割と限られた名詞だけです。まず右の定番パターンを押さえておきましょう。

---

1. 家に帰る時間です。

2. 私たちは、金曜日までにやるべき仕事がたくさんあります。

3. 私は何か飲むものが欲しいです。

4. 私は昨日やることが何もありませんでした。

5. 私たちは決めるべきことがたくさんあります。
   *決める：decide

6. 私は新幹線で食べるための弁当を買いました。
   *「弁当」は *bento*、「新幹線」は *shinkansen* でOK。

7. 私はお寿司を食べられる良い場所を知っています。

8. 彼女は、私を信頼してくれた唯一の人でした。
   *信頼する：trust

9. これは英語を練習する良い方法です。

10. 何か冷たい飲むものはありますか。

> **名詞 + to 〜**
> - time to 〜 　〜する(ための)時間
> - thing to 〜 　〜する(べき)こと[モノ]
> - work to 〜 　〜する(べき)仕事
> - place to 〜 　〜する(ための)場所
> - nothing to 〜 　何も〜するものがない
>
> **共通イメージ**
> 漠然とした名詞をto〜で補う

---

1. It's time to go home.

2. We have a lot of work to do by Friday.

3. I want something to drink.

> to〜が名詞に結びつくため、結果的に〈名詞＋to〜〉が一つの長い名詞となります。
> ・time to go home　家に帰る時間
> ・work to do by Friday　金曜日までにやるべき仕事

4. I had nothing to do yesterday.

5. We have many things to decide.

6. I bought a *bento* to eat on the *shinkansen*.

7. I know a good place to eat sushi.

8. She was the only person to trust me.

> cold(形容詞)は-thingのあとに置きましょう。
> ✗ anything to drink cold
> ✗ cold anything to drink

9. This is a good way to practice English.

10. Do you have anything cold to drink?

16 mini test 【to 不定詞】

Lesson11〜15では、to不定詞の4つの使い方を学習しました。今回は、それらをパッと使い分けられるかを確認しましょう。また、1問だけ -ing形（〜すること）の問題も入れています。

1. 私は友達に会いに新宿に行きました。

2. 邪魔してごめんなさい。

3. 家に帰る時間です。

4. 私はこの映画が観たいです。

5. 喜んであなたをお手伝いしますよ。

6. ヒーターをつけるにはこのボタンを押してください。

7. 今日は何もやることがありません。

8. 私はスマホを使ってニュースを読みます。

9. 窓を閉めるのを忘れないでください。

10. 私は横浜に引っ越すことを検討しています。

> ## to ～ の4つの使い方
> ①【行動の目的】～するために　②【気持ちの原因】～して
> ③【目的語・補語】～すること　④【名詞の説明】～するための

1. I went to Shinjuku to see my friend.

2. I'm sorry to bother you.

3. It's time to go home.

4. I want to see this movie.

5. I'll be happy to help you.

6. Press this button to turn on the heater.

7. I have nothing to do today.

8. I use my smartphone to read the news.

9. Please remember to close the window.
   *Please don't forget to close ～. でもOK

10. I'm considering moving to Yokohama.

17 give A B 「AにBをあげる」

ネイティブの感覚で理解しよう〈目的語を2つ〉

ここまで、動詞のあとに目的語を続けるパターンとして、I like sports. や I like to cook. のような文を見てきました。いずれも目的語は1つでしたが、実は動詞によっては目的語を2つ続けられる場合もあります。この場合、「誰に？」(A) →「何を？」(B) の順番で2つの目的語の意味を取りましょう。相手にモノを「受け渡す」感覚を意識してみてください。

---

1. I gave her a ring.

2. Please send me the file.

3. Rie told us a funny story.

4. Can I ask you a question?

5. I showed Ms. Miura the newspaper article.
   *newspaper article：新聞記事

6. My parents taught me many things.

7. Did you send Ken and Yuka the package?

8. Let's buy Satoshi something for his birthday.

9. Can you tell me the way to the station?

10. The DJ asked listeners of the program their favorite song.

> 誰に？　何を？
> I gave him a watch.
> あげた　彼に　時計を
>
> 私は彼に時計をあげました。

1. 私はあげた 彼女に 指輪を
 （私は彼女に指輪をあげました）

 > × gave she →
 > ○ gave her
 > 代名詞は目的格（～を／～に）にします。

2. 送ってください 私に そのファイルを
 （私にそのファイルを送ってください）

3. リエが話してくれた 私たちに おかしい話を
 （リエが私たちにおかしい話をしてくれました）

4. 聞いていいですか あなたに 質問を
 （あなたに質問していいですか）

 > 何か質問したいときの定番の前置き表現。

5. 私は見せた 三浦さんに その新聞記事を
 （私は三浦さんにその新聞記事を見せました）

6. 私の両親は教えてくれた 私に たくさんのことを
 （私の両親は、私にたくさんのことを教えてくれました）

 > 長いカタマリに注意しましょう。
 > ・something for his birthday
 > ・the way to the station
 > ・listeners of the program
 > 　→ their favorite song

7. 送りましたか ケンとユカに 小包を
 （ケンとユカに小包を送ってくれましたか）

8. 買おう サトシに 何か誕生日のためのものを
 （サトシに何か誕生日に買ってあげましょう）

9. 教えてくれませんか 私に 駅までの道順を
 （駅までの道順を教えてくれませんか）

10. DJは聞いた 番組の視聴者に 彼らの一番好きな曲を
 （DJは、番組の視聴者に一番好きな曲を聞きました）

OUTPUT

17 「AにBをあげる」 give A B

ここに注意してアウトプットしよう〈目的語を2つ〉

動詞のあとに、「誰に？」→「何を？」の順番で2つの目的語を並べましょう。なお、それぞれの目的語は、必ずしも1語とは限りません。言葉の"カタマリ"を意識して文を組み立てましょう。

例) I showed <u>Kenta and Yuki</u> <u>the newspaper article</u>.
　　　　　　ケンタとユキに　　　その新聞記事を

---

1. 私は彼に誕生日プレゼントをあげました。

2. その写真を私に送ってください。

3. ユウジが私に興味深い話をしてくれました。
   *興味深い：interesting

4. あなたに質問をしていいですか。

5. あなたの新居を私に見せてください。

6. その体験は、私たちに大切な教訓を教えてくれました。
   *体験：experience　　大切な教訓：an important lesson

7. ユミとヒロにそのファイルを送りましたか。

8. 私は友人たちにフランスのお土産を買いました。
   *フランスのお土産：some gifts from France

9. 新しい単語を覚える良い方法を、私に教えてくれませんか。
   *覚える：remember　　良い方法：a good way

10. 私は学生たちに、その戦争についての意見を聞きました。
    *学生：student　　（彼らの）意見：their opinions

> 目的を2つとれる主な動詞 (カッコ内は過去形)
> - give (gave) あげる
> - send (sent) 送る
> - tell (told) 話す、伝える
> - teach (taught) 教える
> - show (showed) 見せる
> - ask (asked) 聞く、質問する
> - buy (bought) 買う
>
> 共通イメージは「与える、受け渡す」

1. I gave him a birthday present.

   「相手にモノを受け渡す」というイメージで、人(誰に)→モノ(何を)と言葉を並べましょう。

2. Please send me the picture.

3. Yuji told me an interesting story.

4. Can I ask you a question?

5. Show me your new house.

6. The experience taught us an important lesson.

7. Did you send Yumi and Hiro the file?

   長いカタマリに注意
   - a good way to remember new words
   - their opinions about the war

8. I bought my friends some gifts from France.

9. Can you tell me a good way to remember new words?

10. I asked students their opinions about the war.

18 call A B 「AをBと呼ぶ」

ネイティブの感覚で理解しよう〈call A B〉

callは「電話する」のイメージが強い言葉ですが、call A B の形で「AをBと呼ぶ」と言うこともできます。We call him Horiken. なら、「私たちは、彼をホリケンと呼びます」。ポイントは、callのあとの語順です。Aには「対象」(目的語)、Bにはその「説明」(補語)が続きます。BがAを説明していることをハッキリ意識しながら読み(聞き)ましょう。

1. I call her Yuki-chan.

2. Autumn makes me sad.

3. Please keep the office clean.

4. I found the test difficult.

5. You can leave the windows open.

6. We call this dish *okonomiyaki*.

7. What makes you happy?

8. She jogs to keep her body healthy.

9. I found the people in Thailand very kind.

10. This book makes learning English easy.

> **A 対象** **B 説明**
> We call **him** **Horiken**.
> 呼ぶ　彼を　ホリケンと
>
> 私たちは彼をホリケンと呼んでいます。
>
> callのほか、make (〜させる) やkeep (〜の状態に保つ) なども同じAB (対象→説明) の形で使えます。

---

1. 私は呼ぶ 彼女を ユキちゃんと
   (私は彼女をユキちゃんと呼んでいます)

   > 「対象」(A) →「その説明」(B)
   > という流れを意識しましょう。

2. 秋はする 私を 悲しい気分に (秋は私を悲しい気分にさせます → 秋になると悲しい気分になります)

   > make A B → AをBにする
   > keep A B → AをBに保つ

3. 保つようにしてください オフィスを きれいな状態に (オフィスをきれいに保つようにしてください)

4. 私は(受けてみて)思った そのテストは難しいと
   (私はそのテストは難しいと思いました)

   > findは、実際に何かを体験したり見たりしての感想を述べるときに使います。

5. そのままにしていい 窓を 開けた状態に
   (窓を開けっ放しにしておいていいですよ)

6. 私たちは呼ぶ この料理を お好み焼きと
   (私たちはこの料理をお好み焼きと呼びます)

   > make A B は英語独特の表現なので、直訳すると少し不自然な日本語になります。

7. 何がしますか あなたを 幸せな気分に
   (何があなたを幸せな気分にしますか → どんなときに幸せを感じますか)

8. 彼女はジョギングする 保つために 体を健康な状態に
   (彼女は体を健康な状態に保つためにジョギングします)

9. 私は(行ってみて)思った タイの人々は とても親切だと (私はタイの人々はとても親切だと思いました)

   > the people in Thailand (A) = very kind (B)

10. この本はする 英語を身につけることを 簡単に
    (この本は、英語を身につけることを簡単にします → この本で英語習得がラクになります)

18 「AをBと呼ぶ」 call A B

ここに注意してアウトプットしよう 〈call A B〉

動詞のあとに A（対象）→ B（対象の説明）を続けましょう（目的語→補語）。なお、この形を取る動詞は限られています。右にあるものから使えるようになりましょう。

---

1. 私は彼をケンちゃんと呼びます。

2. この歌は私を幸せな気分にします。
   （→この歌を聞くと、幸せな気分になります）

3. ドアは閉じておいてください。
   *keepを使いましょう。

4. （読んでみて）その本は興味深いと思いました。

5. 電気はつけっぱなしにしておいていいですよ。
   *leaveを使いましょう。

6. 私たちはこの山を富士山と呼びます。

7. 何があなたを怒らせますか。
   （→どんなときに怒りを感じますか）

8. 体を温かい状態に保ってください。〈相手に〉

9. （行ってみて）そのレストランのサービスは良いと思いました。
   *findを使いましょう

10. 楽天はオンラインショッピングを流行らせました。
    *makeとpopular（人気の、流行の）を使いましょう。

> **A 対象 ⇒ B 対象の説明**
> - call A B　AをBと呼ぶ
> - make A B　AをBの状態にする
> - leave A B　AをBの状態のままで放っておく
> - find A B　〈経験して〉AがBだとわかる[思う]
> - keep A B　AをBの状態に保つ

1. I call him Ken-chan.

2. This song makes me happy.

3. Please keep the door closed.

> この文型では、A(対象)の直後にB(対象の説明)が続きます。これは言い換えると、A=Bの関係が成り立つということです。左の英文では、him=Ken-chan、me=happy、the door=closed が表されています。AとBをガッチリ結びつける感覚で文を組み立てましょう。

4. I found the book interesting.

5. You can leave the lights on.

6. We call this mountain Fuji-san.

7. What makes you angry?

8. Please keep your body warm.

(the service at the restaurant (A) = good (B))

9. I found the service at the restaurant good.

10. Rakuten made online shopping popular.

19 tell A to B 「AにBするように言う」

ネイティブの感覚で理解しよう 〈tell A to B〉

一部の動詞は、目的語（動詞の対象）のあとに to ～を続けることができます。I told her to come early. の文は、I told her（私は彼女に言った）→（何をかと言うと）to come early.（早めに来るように）という意味。以下の英文は、対象（A）に対してどのような行為(B)を促している（期待している）のかを意識しながら文意を取ってみましょう。

1. I told him to come at eight.

2. I want you to be happy.

3. Yumi asked me to help.

4. Your advice helped me to find a solution.

5. The coach ordered the players to run 10 laps.

6. The injury forced me to quit tennis.

7. Our company doesn't allow us to work from home.

8. I didn't expect him to win the game.

9. My boss wants me to write the report by tomorrow.

10. I asked my English teacher to check my essay.

> 対象　促している行為
> I told **her** **to come early.**
> 言った　彼女に　早めに来るように
>
> 私は彼女に早く来るように言いました。
> tellのほか、want（欲する）、ask（頼む）、help（手伝う）なども同じ 動詞 A to B の形で使えます。

---

1. 私は言った 彼に 8時に来るように
   （私は、彼に8時に来るように言いました）

   > 「対象」(A) →「促している行為」(B) という流れを意識しましょう。

2. 私は欲している あなたが 幸せでいることを
   （私は、あなたに幸せでいてほしい）

   > この文型では、「目的語」(A) が to のあとの「動詞」(B) の動作主となります。「me が find する」「the players が run する」「me が quit する」ということです。

3. ユミは頼んだ 私に 手伝うように
   （ユミは、手伝ってほしいと私に頼みました）

4. あなたの助言は役立った 私が 解決策を見つけるのに
   （あなたの助言は、私が解決策を見つけるのに役立ちました）

5. コーチは命令した 選手たちに 10周走るように
   （コーチは、選手たちに10周走るように命令しました）

6. そのケガは強制した 私が テニスをやめることを
   （そのケガが原因で、私はテニスをやめざるを得ませんでした）

   > allow は「許す、許可する」

7. 私たちの会社は許さない 私たちが 自宅で仕事することを
   （私たちの会社は、私たちが自宅で仕事をすることを認めていません）

8. 私は予想していなかった 彼が 試合に勝つことを
   （私は、彼が試合に勝つとは思いませんでした）

9. 上司は欲している 私が 明日までにレポートを書くことを
   （上司は、明日までに私にレポートを書いてほしいと思っています）

10. 私は頼んだ 英語の先生に 私のエッセイをチェックするように
    （私は英語の先生に、自分のエッセイをチェックしてくれるように頼みました）

19 「AにBするように言う」 tell A to B

ここに注意してアウトプットしよう 〈tell A to B〉

目的語に対して行為を促すようなイメージで、目的語のあとに to 〜 をつけたします。動詞 A to B で、「A に B するように言う」「A が B することを手伝う」といった内容の文になります。なお、この形をとれるのは一部の「働きかける」系の動詞です。右のものから確実に押さえましょう。

---

1. 私は、彼女に駅で待つように言いました。

2. 私は、家族に幸せでいてほしい。

3. 私は、トムに手伝ってほしいと頼みました。

4. 友人は、私がテスト勉強するのを手伝ってくれました。
   *テスト勉強する：study for the test

5. 警察が、私に車を停めるように命令しました。

6. 台風が原因で、私たちは旅行を中止せざるを得ませんでした。
   *主語は the storm、動詞は force を使いましょう。

7. そのカフェは、客がコンセントを使うことを許可しています。
   *(店の)コンセント：its outlet

8. 私は、この産業は急成長すると予想しています。
   *産業：industry　急成長する：grow rapidly

9. 私の妻は、私にもっと運動してほしいと思っています。

10. 私は、ウェイトレスにメニューを持ってくるように頼みました。

> **〈目的語 + to 〜〉の形がとれる主な動詞**
> - tell 言う、伝える（過去形は told） ・ ask 頼む
> - want 欲する、求める ・ help 頼む
> - order 命令する ・ force 強制する
> - allow 許可する、可能にする ・ expect 予期する

1. I told her to wait at the station.

   > 目的語を置いてから to 〜 を続ける。このリズムを意識しましょう。

2. I want my family to be happy.

3. I asked Tom to help.

4. My friend helped me to study for the test.

5. The police ordered me to stop the car.

   > The storm forced は「台風が強制した」という意味。モノが動作主となる英語らしい表現です。

6. The storm forced us to cancel the trip.

7. The cafe allows customers to use its outlet.

8. I expect this industry to grow rapidly.

   > My wife wants to 〜．ならば、妻自身が運動したいということ。My wife wants me to 〜．とすることで、「私に〜してほしい」となります。

9. My wife wants me to exercise more.

10. I asked the waitress to bring the menu.

20 mini test 【特殊な文型】

Lesson17〜19では、動詞のあとに「目的語2つ」「目的語＋補語」「目的語 to 〜」が続くパターンを見てきました。これらの特殊文型を正確に使い分けられるように、まとめて練習しましょう。右記にそれぞれの文型のポイントをまとめています。

---

1. その写真を私に送ってください。

2. 私たちは彼女をユリちゃんと呼びます。

3. 夏は私を幸せな気分にします。
   (→夏になると、幸せな気分になります)

4. ケンジは私に10時に来るように言いました。

5. その体験は、私たちに大切な教訓を教えてくれました。
   *教訓：lesson

6. 私は英語の先生に、私のスピーチを確認するように頼みました。

7. （読んでみて）その記事は面白いと思いました。

8. 私は友人たちに中国のお土産を買いました。

9. 電気はつけっぱなしにしておいていいですよ。
   *You can 〜. で始めましょう。

10. 私は、家族に幸せでいてほしい。

> 【目的語2つ】　　　send、buy、teachなど。
> 　　　　　　　　　「誰に」→「何を」の順番に
> 【目的語+補語】　　call、make、findなど。
> 　　　　　　　　　「対象」→「対象の説明」
> 【目的語+to〜】　　tell、want、askなど。
> 　　　　　　　　　「対象」→「促している行為」

1. Please send me the picture.

2. We call her Yuri-chan.

3. Summer makes me happy.

4. Kenji told me to come at ten.

5. The experience taught us an important lesson.

6. I asked my English teacher to check my speech.

7. I found the article interesting.

8. I bought my friends some gifts from China.

9. You can leave the lights on.

10. I want my family to be happy.

21 A and B 「AそしてB」

ネイティブの感覚で理解しよう〈A and B〉

andは「接続詞」と言われる言葉で、2つの要素を結びつける働きをします。A and Bは「AそしてB」。注意したいのは、AとBにはそれぞれ同じ要素の言葉が来るということ。I ate <u>ramen</u> and <u>gyoza</u>.は名詞同士（ラーメンと餃子）、I <u>ate</u> breakfast and <u>left</u> home.（食べた…そして出発した）は動詞同士が結びついています。Bが来たときに、それに対応するAをあわせて確認するようにしましょう。

---

1. I went to Kyoto **and Nara**.

2. I stayed home **and watched a movie**.

3. Order today, **and get a 30% discount**!

4. Which would you like, beer **or wine**?

5. You can pay in cash, **or you can use a credit card**.

6. Hurry, **or you'll miss the train**.

7. She wants to travel, **but doesn't have the time**.

8. I called Yuki, **but she didn't pick up**.

9. I was hungry, **so I ordered two hamburgers**.

10. The restaurant is very popular, **so we should make a reservation**.

> A **and** B　AそしてB、AとB　★ and で <u>同じ要素を追加</u>
> 〈同類の接続詞〉
> A **but** B　AだけどB　★ but で <u>逆の内容を展開</u>
> A **or** B　AあるいはB、AかB　★ or で <u>別の選択肢を提示</u>
> A **so** B　AなのでB　★ so で <u>結果を説明</u>

---

1. 私は行った 京都と奈良に
   (私は、京都と奈良に行きました)

   > andの直後のwatchedが動詞なので、前半の動詞stayedに対応しているとわかります。(stayedに対してwatchedを追加)

2. 私は家にいた そして映画を観た
   (私は家にいて、映画を観ました)

3. 本日注文してください そうすれば3割引が得られます
   (本日注文すれば、3割引が得られます)

   > 命令文 and …
   > →〜しなさい、そうすれば…

4. どちらがよろしいですか ビールかワイン
   (ビールかワイン、どちらがよろしいですか)

   > 文 or 文

5. 現金で払えます あるいはクレジットカードも使えます
   (現金で払えますし、あるいはクレジットカードをお使いになれます)

   > 命令文 or …
   > →〜しなさい、さもないと…

6. 急いでください さもないと電車に乗り遅れます
   (急がないと、電車に乗り遅れますよ)

7. 彼女は旅行したい だけど時間がない
   (彼女は旅行がしたいが、時間がない)

   > butの直後のdoesn't haveが動詞なので、前半のwants toに対応しているとわかります。

8. 私はユキに電話した だけど彼女は出なかった
   (私はユキに電話しましたが、出ませんでした)

   > 文 but 文

9. 私はお腹が空いていた なのでハンバーガーを2つ注文した
   (私はお腹が空いていたので、ハンバーガーを2つ注文しました)

10. そのレストランはとても人気だ なので私たちは予約をした方がいい
    (そのレストランはとても人気なので、予約をした方がいいです)

21 「A そして B」 A and B

ここに注意してアウトプットしよう 〈A and B〉

話の流れに注意して接続詞を使い分けましょう（追加／逆の内容／別の選択肢／結果）。また、A と B は、それぞれ同じ要素（名詞・動詞・文など）でそろえる点も意識しましょう。

---

1. 私はエリコとナオキと夜ご飯を食べました。

2. 私は早くに起きて、1時間勉強しました。
   *起きる：get up

3. この薬を飲んでください、そうすれば気分がよくなりますよ。
   *薬：medicine　気分がよくなる：feel better

4. お茶かコーヒー、どちらがよろしいですか。

5. 電車で行きたいですか、それともタクシーに乗りますか。
   *タクシーに乗る：take a taxi

6. コートを着なさい、そうしないと風邪を引きますよ。
   *風邪を引く：catch a cold

7. 私は眠いけど、仕事を終わらせなければなりません。
   *眠い：sleepy

8. 私はそのジャケットが欲しかったけど、売り切れていました。
   *売り切れた：sold out

9. そのスープはとても熱いので、気をつけてください。

10. 私は土曜日に仕事があるので、あなたのパーティーに行くことができません。

> Aに追加 → A and B (AそしてB)
> Aと逆の内容 → A but B (AだけどB)
> Aとは別の選択肢 → A or B (AあるいはB)
> Aの結果 → A so B (AなのでB)

1. I had dinner with Eriko and Naoki.

   > got up…に対してstudied…を追加。動詞同士を結びつけるパターンです。

2. I got up early and studied for an hour.

3. Drink this medicine and you'll feel better.

   > go by trainに対してtake a taxiという別の案を述べています(動詞同士)。これはつまり、Do you want to go by train or (do you want to) take a taxi? ということ。

4. Which would you like, tea or coffee?

5. Do you want to go by train, or take a taxi?

6. Wear a coat, or you'll catch a cold.

7. I'm sleepy, but I have to finish my work.

8. I wanted the jacket, but it was sold out.

   > 文 so 文

9. The soup is very hot, so be careful.

10. I have work on Saturday, so I can't go to your party.

22 because 〜 「(なぜなら) 〜だから」

ネイティブの感覚で理解しよう〈because 〜〉

because は、「(なぜなら) 〜だから」と理由を述べるときに使う接続詞です。I like autumn because the weather is nice. は、I like autumn (私は秋が好き) という文に対して、because <u>the weather is nice</u> (なぜなら<u>天気がいいから</u>) と文の形で理由を説明しています。また今回は if 〜「もし〜ならば」も練習しましょう。

1. I like the restaurant because it has good service.

2. I feel tired because I couldn't sleep well last night.

3. I can't talk now because I'm on the train.

4. Mr. Sato is angry because you didn't call him.

5. The store is closed because it's a national holiday.
   *national holiday：祝日

6. I'll make a sandwich if you're hungry.

7. Please ask me if you have any questions.

8. Let's play golf tomorrow if it's not raining.

9. We can catch the next train if we hurry.

10. If you're interested, you can find more information at our website.

> I like autumn **because the weather is nice**. 【理由】
> 私は秋が好き（どうして？）天気がいいから
>
> Let's have dinner **if you're free**. 【条件】
> 夜ご飯を食べよう（どんな場合？）もし暇なら

1. 私はそのレストランが好き サービスがいいから
   （サービスがいいので、そのレストランが好きです）

2. 私は疲れを感じる 昨夜はよく眠れなかったから
   （昨夜はよく眠れなかったので、疲れを感じます）

3. 私は今は話せない 電車に乗っているから
   （電車に乗っているので、今は話せません）

4. 佐藤さんが怒っている あなたが彼に連絡しなかったから
   （あなたが連絡しなかったら、佐藤さんは怒っています）

5. お店が閉まっている 祝日なので
   （祝日なのでお店が閉まっています）

6. サンドイッチを作ってあげる もしお腹が空いているなら
   （お腹が空いているなら、サンドイッチを作ってあげますよ）

7. 私に聞いてください もし何か質問があったら
   （もし何か質問があれば、私に聞いてください）

8. 明日ゴルフをしよう もし雨が降っていなかったら
   （もし雨が降っていなかったら、明日ゴルフをしましょう）

9. 私たちは次の電車に間に合う もし急げば
   （急げば、次の電車に間に合います）

10. もし興味があれば 弊社のウェブサイトでもっと情報が見られる
    （もしご興味があれば、弊社のウェブサイトで詳しい情報をご覧いただけます）

> 日本語は〈理由→結論〉の順番で普通話しますが、英語は逆です。先に結論を言ってから、理由をつけたすのが基本です。

> 時間・曜日を表すitを使っています。

> 「明日」という未来の話をしていますが、ifに続く文は未来の形にする必要はありません。

> if〜は、文の前半に置くこともできます。その場合、コンマ(,)で2つの文を区切ります。

22 「(なぜなら) 〜だから」 because 〜

ここに注意してアウトプットしよう 〈because 〜〉

メインの文(主語+動詞)を作ったあとに、because 〜 や if 〜 で理由・条件をつけたしましょう。なお、10. については、if を前半に置いた形で英文を掲載しています。「もしも…」という前置きのニュアンスを出したいときは、こうして if 〜 を前半に置きます。

---

1. スキーしに行けるので、私は冬が好きです。

2. 運動をしたいので、私はスポーツジムに入会しました。
   *入会する：join　運動をする：exercise

3. 風邪を引いているので、ユキはパーティーに来られません。

4. 私が誕生日プレゼントをあげたので、母は喜んでいます。
   *happyを使いましょう。「母」はMom。

5. ゴールデンウィークなので、デパートは混んでいます。
   *デパート：department store　混んでいる：crowded

6. もし疲れているなら、私が運転しますよ。〈相手に対して〉

7. もし助けが必要ならば、私に電話してください。〈相手に対して〉

8. もし晴れていたら、明日泳ぎに行きましょう。

9. もし希望するならば、良い先生を紹介できますよ。〈相手に対して〉
   *紹介する：introduce　希望する：want

10. もし水曜日が忙しいならば、木曜日か金曜日はどうですか？
    *〜はどうですか？：How about 〜?

> 理由 「〜だから」「〜なので」 → **because** + 文
>
> 条件 「〜ならば」 → **if** + 文

1. I like winter because I can go skiing.

2. I joined a sports gym because I want to exercise.

3. Yuki can't come to the party because she has a cold.

   (give+人+モノ)

4. Mom is happy because I gave her a birthday present.

5. The department store is crowded because it's Golden Week.

6. I'll drive if you're tired.

7. Please call me if you need help.

8. Let's go swimming tomorrow if it's sunny.

   (if you want は「もし希望するなら」「もし良かったら」)

9. I can introduce a good teacher if you want.

10. If you're busy on Wednesday, how about Thursday or Friday?

23 when 〜 「〜のとき」

ネイティブの感覚で理解しよう〈when 〜〉

今回は、「とき」を表す接続詞です。when、after、while などを使うことで、「いつ？」という情報を文につけたすことができます。Lesson 6 で学習した〈前置詞＋名詞〉と基本的に役割は同じですが、接続詞はうしろに「新しい文」を丸ごと追加するため、より詳しく説明できるメリットがあります。前半のメインの文を読んだあと、「いつ？」を意識しながら続く when/after 〜 を読み取りましょう。

---

1. I'll call you when I finish work.

2. I feel most happy when I'm with my friends.

3. I can't concentrate when it's noisy.
   *concentrate：集中する　noisy：騒がしい

4. Let's go shopping after we eat lunch.

5. My English improved after I started practicing with this book. *improve：上達する

6. We should go home before it gets dark.

7. I have to finish this work before I go on the trip.

8. Please wait here while I get ready.

9. I will keep trying until I succeed.

10. When I came home, the kids were already asleep.

I'll call you when I get home.
電話するね　家に着いたとき
（家についたら電話するね）

いつ？

after 〜　〜のあと
before 〜　〜の前
while 〜　〜の間
until 〜　〜まで

---

1. あなたに電話するね 仕事を終えたときに
（仕事を終えたら電話しますね）

2. 私は一番幸せを感じる 友達と一緒にいるときに
（私は友達と一緒にいるときが一番幸せを感じます）

3. 私は集中できない 周りが騒がしいとき
（周りが騒がしいと、私は集中できません）

4. 買い物に行こう お昼ご飯を食べたあと
（お昼ご飯を食べたら買い物に行きましょう）

5. 私の英語は上達した この本で練習し始めたあと
（この本で練習し始めたら、私の英語は上達しました）

6. 私たちは家に帰った方がいい 暗くなる前に
（暗くなる前に、家に帰った方がいいですね）

7. 私はこの仕事を終えなければならない 旅行に行く前に
（私は旅行に行く前に、この仕事を終えなければなりません）

8. ここで待ってください　私が準備している間
（私が準備している間、ここで待っていてください）

9. 私は挑戦し続けるつもりだ 成功するまで
（私は成功するまで挑戦し続けます）

10. 私が帰宅したとき 子供たちはすでに眠っていた
（私が帰宅した頃には、子供たちはすでに眠っていました）

「〜のとき」は、自然な日本語では「〜したら」や「〜だと」となる場合があります。
「終えたとき」
　→「終えたら」
「騒がしいとき」
　→「騒がしいと」

「〜のあと」も、自然な日本語では「〜したら」となる場合があります。日本語に惑わされず、表したい内容に応じて when と after を使い分けましょう。

「いつ」かを特別に強調したいときは、when/while/before〜などを前半に置くことができます。

23 「〜のとき」 when 〜

ここに注意してアウトプットしよう〈when 〜〉

メインの文を作ったあとに、「いつ？」という問いに答えるようにして when/while/before 〜 をつけたしましょう。日本語の「〜したら」は when や after（または if）で表すことができます。言葉尻に惑わされずに、伝えたい意味に合わせて接続詞を使うことを意識しましょう。なお、10. の英文は、接続詞を前半に置いた形で掲載しています。

---

1. （私が）駅についたら、あなたに電話しますね。
   *〜に着く：get to 〜

2. 私は30歳のときに東京に引っ越しました。

3. 暑いと私は眠れません。

4. 私たちがこの仕事を終えたら、休憩しましょう。
   *「仕事を終えたあと」と考えましょう。

5. 昼ご飯を食べたあとは、私はいつも眠くなります。
   *眠くなる：get sleepy

6. 雨が降る前に、私たちは出発した方がいいですね。

7. セールが終わる前に、そのソファーを買いましょう。
   *終わる：end

8. 熱いうちに、スープを飲んでください。
   *スープを飲む：have the soup

9. 私が戻って来るまで、ここにいてください。
   *いる：stay　戻って来る：come back

10. 私は小さいころ、サッカー選手になりたかった。
    *〜になりたい：want to be 〜

> ◎言葉尻に惑わされないようにして正確に使い分け！
>
> 「〜したら」 ⇒ 「〜のあと」 → after 〜
> 　　　　　 ⇘ 「〜のとき」 → when 〜
>
> 「〜のうち」 → 「〜の間」 → while 〜

1. I'll call you when I get to the station.
   （電話するのは、正確には「着いたとき」）

2. I moved to Tokyo when I was thirty.

3. I can't sleep when it's hot.
   （「暑いとき」は眠れない）

4. Let's take a break after we finish this work.

5. I always get sleepy after I eat lunch.

6. We should leave before it rains.

7. Let's buy the sofa before the sale ends.

8. Have the soup while it's hot.
   （「熱いうち」は「熱い間に」ということですね。）

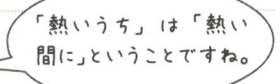

9. Please stay here until I come back.

10. When I was small, I wanted to be a soccer player.

24 that 〜 「〜だと」「〜だということ」

ネイティブの感覚で理解しよう〈that〜〉

say（言う）や think（思う）のあとに that 〜を置くことで、言ったことや思っていることの中身を言うことができます。that は接続詞なので、うしろには「文」が続きます。ただし、これまでの if や when などと違って、that 自体には特別な意味はなく、「何をかと言うと……」と中身へ誘導する表現と捉えましょう。

---

1. I think that you will like this book.

2. I thought that Mr. Kim's presentation was very good.

3. Yuki said that she will come at five.

4. I know that you're very busy.

5. Research shows that coffee is good for you.

6. I'm sorry that I'm late.

7. I'm glad that you like the present.

8. Jack is worried that you're angry at him.

9. I'm shocked that the band broke up.

10. The problem is that we don't have enough time.

> ↙ that で つないでから … this movie〜と中身を言う。
> I think **that** this movie is good.
> 私は思う (何をかと言うと) この映画はいいと
>
> [think (thought)、say (said) / know (knew)　など] + that〜

---

1. 私は思う **あなたがこの本を気に入ると**
   (きっとあなたはこの本を気に入ると思います)

   > that で発言・思考の中身へと誘導しています。続く文の内容に意識を向けましょう。

2. 私は思った **キムさんのプレゼンはとても良かったと**
   (キムさんのプレゼンはとても良かったと思いました)

3. ユキは言った **5時に来ると**
   (ユキは5時に来ると言っていました)

4. 私は知っている **あなたはとても忙しいと**
   (あなたはとても忙しいと私は知っています)

   > show that 〜で「〜だと示している」

5. 研究は示している **コーヒーは体に良いと**
   (コーヒーは体に良いと研究は示しています)

   > 気持ちを表す形容詞のあとに that 〜をつけたすこともできます。「何に対してそのように感じているのか」の説明になります。

6. ごめんなさい **遅刻して**
   (遅刻してごめんなさい)

7. 私は嬉しい **あなたがプレゼントを気に入って**
   (プレゼントを気に入ってくれて嬉しいです)

8. ジャックは心配している **あなたが彼に怒っているのではないかと**
   (あなたがジャックのことを怒っているのではないかと、彼が心配しています)

9. 私はショックを受けている **そのバンドが解散したことに**
   (そのバンドが解散したことがショックです)

10. 問題 = **時間が十分ないということ**
    (問題は、時間が十分にないということです)

    > 〈that+文〉はカタマリで名詞として機能します。よって、be動詞のあとに置くこともできます。

OUTPUT

24 「〜だと」「〜だということ」 that 〜

ここに注意してアウトプットしよう〈that 〜〉

I think（私は思う）や I'm glad（私は嬉しい）とまず結論を言ってから、that 〜でその中身をつけたしましょう。なお、INPUTのトレーニングでは触れませんでしたが、この that は実は省略することもできます。that は基本的に単なるつなぎなので、省略しても文意は変わらず、特に会話ではよく省略されます。

---

1. ユキの誕生日は5月5日だと思います。

2. 新作映画はそこそこ良かったと思いました。
   *そこそこ良い：pretty good

3. ジョーンズさんは、アルコールは飲まないと言っていました。

4. 大きいリスクがあると私は分かっています。

5. その会社は海外展開すると発表しました。
   *海外展開する：expand overseas

6. あなたを手伝えなくてごめんなさい。

7. あなたがパーティーを楽しんだようで嬉しいです。

8. 明日寝坊してしまうのではないかと私は心配しています。
   *寝坊する：oversleep

9. あなたがケガをしていなくてホッとしています。
   *ホッとする（安心する）：be relieved   ケガをする：be hurt

10. 大事なのは、私たちがあきらめないことです。
    *あきらめる：give up

> 省略できる！
> I think ~~that~~ this movie is good.
> 私は思う ~~何をかと言うと~~ この映画はいいと
>
> thatを使うと、より丁寧でかしこまった響きになります。

1. I think (that) Yuki's birthday is May 5.

   CDの音声ではthatを省略しています。

2. I thought (that) the new movie was pretty good.

3. Mr. Jones said (that) he doesn't drink alcohol.

4. I know (that) there is a big risk.

   中身が未来の話なので、thatのあとはit will expand...

5. The company announced (that) it will expand overseas.

6. I'm sorry (that) I can't help you.

   「力になれなくてごめんなさい」と断るときの決まり文句。

7. I'm glad (that) you enjoyed the party.

8. I'm worried (that) I will oversleep tomorrow.

9. I'm relieved (that) you are not hurt.

   that ~ で「~だということ」を表しています

10. The important thing is that we don't give up.

25 mini test【接続詞】

Lesson21～24では、様々な接続詞を取り上げました。接続詞を使うことで2つの文同士をつなげることができるため、1文で言い表せる内容が格段に広がり、また複雑になります。それぞれの接続詞を正確に使い分けられるよう、まとめて練習しておきましょう。

---

1. 私は早く起きて朝食を作りました。

2. 新作映画はそこそこ良かったと思いました。

3. 私は仕事があるので、そのパーティーに行けません。
   *becauseを使いましょう。

4. お昼ご飯を食べたら、（一緒に）映画を観ましょう。

5. もし疲れているなら、私が運転しますよ。〈相手に対して〉

6. （あなたが）駅に着いたら、電話してください。

7. そのスープはとても熱いので、気をつけてください。
   *soを使いましょう。

8. 私は旅行がしたいけど、その時間がありません。

9. 私が準備する間、ここで待っていてください。
   *準備する：get ready

10. 私はそのグループが解散したことがショックです。
    *解散する：break up

- A and B「AそしてB」、A or B「AまたはB」、A but B「AだけどB」、A so B「AなのでB」
- because「(なぜなら)〜」、if「(もし)〜ならば」
- when「〜のとき」、after「〜のあと」、until「〜まで」など
- that「〜だと」「〜だということ」

---

1. I got up early and made [cooked] breakfast.

2. I thought (that) the new movie was pretty good.

3. I can't go to the party because I have work.

4. Let's watch a movie after we have lunch.
   *After we have lunch, let's 〜. でもOK

5. I'll drive if you're tired.
   *If you're tired, I'll 〜. でもOK

6. Please call (me) when you get to the station.
   *When you get to the station, please 〜. でもOKだが、上記の方が一般的。

7. The soup is very hot, so be careful.

8. I want to travel, but I don't have the time.

9. Please wait here while I get ready.
   *While I get ready, please 〜. でもOKだが、上記の方が一般的。

10. I'm shocked (that) the group broke up.

26 taller than ～ 「～より背が高い」

ネイティブの感覚で理解しよう〈比較級〉

形容詞や副詞のおしりに er をつける（または前に more を置く）と、あるモノ（人）を別のモノ（人）と比べて「もっと背が高い」「もっと安い」などと言うことができます。tall は「背が高い」、taller は「もっと背が高い」。I am taller. は、「私はもっと背が高い」という意味です。これを言ったあとで、than my father（父よりも）などと比較対象をつけたすことで、2つを比較することができます。

1. Tokyo Skytree is higher than the Tokyo Tower.

2. This supermarket is cheaper than XYZ Mart.
   *cheap：(値段が) 安い

3. The bus is probably quicker than the train.

4. My sister is 2 years younger than me.

5. In America, basketball is more popular than soccer.

6. Today's test was more difficult than the last time's.

7. Ostriches can run faster than lions.
   *ostrich：ダチョウ

8. Could you please speak more slowly?

9. This computer is much better than that one.

10. I like tea better than coffee.

> 比較対象
> I am taller than my father.
> 私はもっと背が高い（誰よりも？）父よりも
>
> ⇩ 形容詞・副詞が長い場合は more〜
>
> Math is more difficult than history.
> 数学の方がもっと難しい（何よりも？）歴史よりも

1. 東京スカイツリーはもっと高い 東京タワーよりも
   (東京スカイツリーは東京タワーよりも高いです)

   > 「〇〇はもっと〜だ」と結論を言ってから、「〜よりもね」と比較対象をつけたします。

2. このスーパーはもっと安い XYZマートよりも
   (このスーパーはXYZマートよりも安い)

3. バスの方がたぶん早い 電車よりも
   (バスで行った方が、電車で行くよりもたぶん早いです)

4. 私の妹は2歳若い 私よりも
   (私の妹は、私の2歳年下です)

   > popular や difficult など、形容詞・副詞が目安として6文字以上のときは more〜 の形になります

5. アメリカでは、バスケがもっと人気だ
   サッカーよりも (アメリカでは、サッカーよりもバスケの方が人気です)

6. 今日のテストはもっと難しかった 前回のよりも
   (今日のテストは、前回のよりも難しかったです)

7. ダチョウはもっと速く走れる ライオンよりも
   (ダチョウはライオンよりも速く走れるんですよ)

   > 文脈上、比較対象を述べる必要がない場合、than 〜 はなくてOKです

8. もっとゆっくり話していただけますか。
   (もっとゆっくりと話していただけますか)

9. このパソコンは遥かにもっと良い あのパソコンも
   (このパソコンは、あれよりも遥かに良いです)

   > 例外的な変化 good「良い」→ better「もっと良い」

10. 私はお茶がもっと好きだ コーヒーよりも
    (私はコーヒーよりもお茶が好きです)

    > like 〜 better は熟語で「〜の方が好き」

OUTPUT

26 「〜より大きい」 bigger than 〜

ここに注意してアウトプットしよう〈比較級〉

「○○はもっと〜だ！」と結論からズバッと言って、そのあとで「〜よりもね」と比較対象をつけたしましょう。単語の長さによって〜 er と more 〜の形を使い分けることも忘れずに。

---

1. 北海道は九州よりも（もっと）大きいです。

2. 今日は昨日よりも（もっと）寒いですね。
   *Todayを主語にしましょう。

3. 私の姉は、私よりも少し背が高いです。
   *少し：a little

4. このパソコンは、私の古いやつよりも遥かに速いです。

5. このネックレスは、車一台よりも（もっと）高価です。
   *高価：expensive

6. 私にとって、健康はお金よりも（もっと）大切です。
   *For me（私にとって）で始めましょう。

7. あなたは年齢よりも（もっと）若く見えますね。
   *若く見える：look young

8. 私たちは、もっと効率的に働かなければなりません。
   *効率的に：efficiently

9. 原作の小説の方が、映画版よりも（もっと）良いです。
   *原作の小説：the original novel　映画版：the film version

10. 私は、古いデザインの方が新しいやつよりも（もっと）好きです。

> ◎比較級は単語の長さで ~er と more~ を使い分ける!
>
> big → bigger
> young → younger
> popular → more popular
> expensive → more expensive
>
> fast → faster
>
> 6文字以上(目安)のときは more~ の形になる

---

1. Hokkaido is larger [bigger] **than Kyushu**.

   > bigもまちがいではありませんが、土地の広さを言うときは、largeが一般的。

2. Today is colder **than yesterday**.

3. My sister is a little taller **than me**.

   > ~erの前に a little (少し)やmuch(遥かに)を置くことで、差がどの程度なのかをより詳しく表すことができます。

4. This computer is much faster **than my old one**.

5. This necklace is more expensive **than a car**.

6. For me, health is more important **than money**.

7. You look younger **than your age**.

   > look youngで「若く見える」。「もっと若く見える」なら look younger。「年齢よりも」は than your age。

8. We have to work more efficiently.

9. The original novel is better **than the film version**.

   > the new one の one は前に出てきた名詞の代わり。the new one は the new design のことです。

10. I like the old design better **than the new one**.

27 the highest in ~ 「~の中で一番高い」

ネイティブの感覚で理解しよう〈最上級〉

ある集団の中で「一番~だ」と言いたいときは、形容詞・副詞のおしりに -est（または前に most）を置きます。I am the tallest. は「私は一番背が高い」。このあとに、in ~または of ~ の形で比較対象（何の中で一番？）を言います。（文脈上、比較対象が必要ないなら、特に置かなくても OK）

1. Tokyo Skytree is the highest tower in Japan.

2. Shibuya is the closest station from here.

3. Facebook has the most users of the three services.

4. This supermarket is the most expensive in the area.

5. I think this is the best *okonomiyaki* restaurant in Osaka.

6. I like Tom's idea the best.

7. In Japan, soccer is as popular as baseball.

8. Please come as soon as possible.

9. I'm not as experienced as Daisuke.

10. I'm not as fit as before.
    *fit：体がしまった

> 前にtheを置く　　比較対象
> I am the tallest in my family.
> 私は一番背が高い　（何の中で？）家族の中で

---

1. 東京スカイツリーは一番高い塔だ **日本で**
   (東京スカイツリーは、日本で一番高い塔です)

2. 渋谷が一番近い駅だ **ここから**
   (渋谷が、ここから一番近い駅です)

3. Facebookは一番ユーザー数が多い **その3つのサービスの中で**
   (その3つのサービスの中で、Facebookが一番ユーザー数が多いです)

4. このスーパーは一番高い **この辺りの中で**
   (このスーパーは、この辺りでは一番高いです)

5. ここが一番おいしいお好み焼き屋だと思う **大阪で**
   (ここは大阪で一番おいしいお好み焼き屋だと思います)

6. 私はトムのアイディアが一番気に入っている
   (私はトムのアイディアが一番気に入っています)

7. 日本では、サッカーは同じくらい人気だ **野球と**
   (日本では、サッカーは野球と同じくらい人気です)

8. 早く来てください **できるだけ**
   (できるだけ早く来てください)

9. 私は経験がない **大介ほどは**
   (私は大介ほど経験がありません)

10. 私は体がしまっていない **以前ほどは**
    (私は以前ほどは体がしまっていません)

「〜の中で」（比較対象）の2つの言い方
in + 範囲・場所
of + 複数を表す語句
in Japan　日本の中で
of the three　3つの中で

good (良い)は特殊な例で、good (良い) - better (もっと良い) - best (一番良い)と形が変化します。

as soon as possibleは熟語で「できるだけ早く」

asを否定文にすると、「同じくらいではない」→「…ほど〜ではない」

27 「〜の中で一番高い」 the highest in 〜

ここに注意してアウトプットしよう〈最上級〉

「○○は一番〜だ!」と言い切ってしまってから、「日本の中でね」「3つの中でね」のように比較対象をつけたしましょう。単語の長さによって〜 est と most 〜を使い分ける点も注意してください。「同じくらい〜」と言いたいときは as を使いますが、as の場合は単語の長さに関わらず常に〈as+ 形容詞 / 副詞〉の形で使います。

---

1. 富士山は、日本で一番高い山です。

2. サヤカは家族で一番背が高いです。

3. ABC社は、その4社の中で一番大きいシェアを持っています。

4. このカフェは、この辺りでは一番人気です。

5. 私にとっては、秋が一年の中で一番良い時期です。
   *一年の中で：of the year

6. 私はこの曲が一番好きです。

7. 今日は昨日と同じくらい寒いです。

8. できるだけ早く電話してください。

9. 私の家は、あなたのほど大きくありません。
   *あなたの：yours(あなたのもの)

10. 後藤さん(Mr. Goto)は、以前ほどは厳しくありません。
    *厳しい：strict

> 前にtheを置く　　比較対象
> I am the tallest in my family.
> 私は一番背が高い（何の中で？）家族の中で
>
> 「同じくらい〜だ」と言うときは as を使う。
> Math is as difficult as science.
> 数学は 同じくらい難しい（何と比べて？）理科と

1. Mt. Fuji is the highest mountain in Japan.

   〜estの語の前にはtheを置きましょう。

2. Sayaka is the tallest in her family.

3. ABC Company has the largest share of the four companies.

4. This cafe is the most popular in the area.

5. For me, autumn is the best time of the year.

6. I like this song the best.

   like 〜 the best で「〜が一番好き」

7. Today is as cold as yesterday.

8. Please call as soon as possible.

   yoursは「あなたのもの」（＝あなたの家）

9. My house isn't as big as yours.

10. Mr. Goto isn't as strict as before.

28 mini test【比較表現】

Lesson26〜27では、比較表現を学習しました。「もっと〜」「一番〜」「同じくらい〜」の3つのパターンをパッと使い分けられるよう、ここで一度まとめて練習しましょう。

1. 今日は昨日よりも(もっと)寒いですね。

2. 私は家族で一番背が高いです。

3. 東京スカイツリーは日本で一番高い塔です。

4. このスーパーはMini Martよりも(もっと)高価です。

5. 私はお茶よりもコーヒーの方が(もっと)好きです。

6. 私はここが東京で一番おいしいラーメン店だと思います。
   *ラーメン店：ramen shop

7. 私はあなたよりも2歳年上です。

8. 私の家は、あなたのほど大きくありません。

9. できるだけ早く来てください。

10. ABC社は、その5社の中で一番大きいシェアを持っています。
    *ABC社：ABC Company

- もっと〜
    → 〜er または more 〜 (「〜よりも」は than 〜)
- 一番〜
    → 〜est または most 〜 (「〜の中で」は of / in 〜)
- 同じくらい〜
    → as 〜 (「〜と比べて」は as 〜)

---

1. Today is colder than yesterday.

2. I'm the tallest in my family.

3. Tokyo Skytree is the highest tower in Japan.

4. This supermarket is more expensive than Mini Mart.

5. I like coffee better than tea.

6. I think this is the best ramen shop in Tokyo.

7. I'm two years older than you.

8. My house isn't as big as yours.

9. Please come as soon as possible.

10. ABC Company has the largest share of the five companies.

29 final test SV + α ② 【統合型】

PART 2 で練習した様々なつけたしのバリエーションを、1 文の中にミックスしました。to ～、動詞のあとの形、接続詞、比較の表現など、それぞれのポイントに注意を向けて意味を取りましょう。最初はゆっくりで OK です。後半は長めの文も出てきますが、前からカタマリで意味を取っていくように心がけましょう。

1. I wanted to be a singer when I was young.

2. I enjoy playing sports and watching movies.

3. Let's wait here until it stops raining.

4. I tried to make a reservation, but the seats were all full.

5. Please remember to turn off the lights when you leave the room.

6. Mr. Kato asked us to send him a sample of the product.

7. We need to work harder if we want to achieve our goal.
   *achieve：達成する

8. Before we begin the meeting, I have a few announcements.

9. The flight is long, so you should bring some books to read on the plane.

10. I usually buy food online because I don't have time to go to the supermarket.

> ここがカギ
> - 【to ～】「～するために」「～して」「～すること」「～するための」
> - 【動詞のあとの形】目的語2つ、目的語＋補語、目的語＋to ～
> - 【接続詞】and / but / so / or、because / if、when / before / until など
> - 【比較】～ er、more ～ / ～ est、most ～ / as ～

1. 私は歌手になりたかった 若かったとき
   （私は若かった頃、歌手になりたかったです）

2. 私は好き スポーツをすることが また映画を観ることが
   （私はスポーツをしたり、映画を観たりするのが好きです）

3. ここで待ちましょう 雨がやむまで
   （雨がやむまでここで待ちましょう）

4. 私は予約を取ろうとした だけど席が一杯だった
   （私は予約を取ろうとしましたが、席が一杯でした）

5. 忘れないでください 電気を消すことを 部屋を出るときに
   （部屋を出るときに電気を消し忘れないでください）

6. 加藤さんは私たちに頼んだ 彼に送るよう 商品のサンプルを
   （加藤さんは、彼に商品サンプルを送るよう私たちに頼みました）

7. 私たちはもっと努力しなければならない もし目標を達成したいなら
   （もし目標を達成したいならば、私たちはもっと努力しなければなりません）

8. ミーティングを始める前に 私はいくつか発表がある
   （ミーティングを始める前に、いくつか発表があります）

9. フライトは長い なので本をいくつか持ってきた方がいい 機内で読むための（フライトは長いので、機内で読む本をいくつか持ってきた方がいいですよ）

10. 私は普段はネットで食材を買う なぜなら時間がないので スーパーに行くための（スーパーに行く時間がないので、私は普段はネットで食材を買います）

29 final test SV + α ② 【統合型】

情報量が増えてくると、文をどのように組み立てていけばいいか迷ってしまうことがあります。まず大切なのは、〈主語＋動詞〉で切り出すという意識です。主語＋動詞で文の幹を作り、それを軸に to 〜や接続詞などを使って「どうして？いつ？何を？」などの枝葉の情報をつけたしていきましょう。

---

1. 私は若かった頃、シェフになりたかったです。

2. 私は料理したり、ピアノを弾いたりするのが好きです。
   *enjoyを使いましょう。

3. 私は雨がやむまで駅で待ちました。

4. 私はチケットを買おうとしましたが、売り切れていました。
   *「チケット」は複数形 tickets。「売り切れている」は be sold out。

5. 家に着いたら、お母さんに電話するのを忘れないでね。

6. 彼は俳優になる前は、先生として働いていました。
   *〜になる：become

7. 何もすることがなかったので、私はテレビを見ました。
   *soを使いましょう。

8. 読み終わったら、その本を戻してください。
   *「読み終わったあと」と考えましょう。「戻す」はreturn。

9. 喜んであなたに商品のサンプルをお送りします。

10. 他の店よりも安いので、私は普段はABCマートに行きます。
    *becauseを使いましょう。

> 英文の基本
>
> 　　幹　　　　　　　枝葉
> 主語＋動詞〜 ＋ 前置詞/接続詞/to 〜 / -ingなど
> 　　　　　　　　（どうして？ どこで？ いつ？ 何を？）

1. I wanted to be a chef when I was young.

2. I enjoy cooking and playing the piano.

3. I waited at the station until it stopped raining.

4. I tried to buy tickets, but they were sold out.

5. Please remember to call Mom when you get home.

6. He worked as a teacher before he became an actor.

7. I had nothing to do, so I watched TV.

8. Please return the book after you finish reading it.

9. I'll be happy to send you a sample of the product.

10. I usually go to ABC Mart because it's cheaper than other stores.

PART 3
中3英語の基礎

「長い名詞を作れるようになる」

長い名詞のカタマリをパッと見抜いて意味を理解し、

また自ら使いこなせるようになるための基本トレーニング

中3の英語 ここがポイント!

　中1〜2のトレーニングで、皆さんは英語の基礎を確実に身につけてきました。中3で最後に取り組むべきテーマは「長い名詞」です。名詞は、book（本）や friend（友達）など必ずしも1語とは限りません。むしろ、実際の会話では a book about business presentations（ビジネスプレゼンについての本）のように、説明が加わって長いカタマリになる場合が多いのです。この長い名詞のカタマリをパッと見抜いて意味を理解し、また自ら使いこなせることが、今後の英会話力アップの最大のポイントとなります。

　このあとのトレーニングで、長い名詞を作る様々な方法を紹介していきますので、ここではまず、中3英語の基礎表現を2つほど整理しておきましょう。

■「受け身」の文

　「予算が削られた」「この本は1930年に書かれた」のように、「〜される[された]」のような言い方を「受け身の文」と言います。ここまで学習してきた普通の文と比較して特徴を押さえましょう。

●普通の文

I took this picture in France.
私は撮った　　　　　　　　　　　　　　　= 私はフランスでこの写真を撮った。

●受け身の文

This picture was taken in France.
　　　　この写真は撮られた　　　　　　= この写真はフランスで撮られた。

　普通の文では、主語は文の「動作主」となりますが（I took →私が撮った）、受け身にすることで、「この写真は撮られた」と動作主を言わずに行為・出来事を説明することができます（動作の「対象」が主語になる）。こうして動作主を伏せたいときに受け身がよく使われます。

〈受け身の作り方〉

動詞の部分を〈be動詞＋過去分詞〉の形にすると受け身になります。

※過去分詞とは、動詞の変化形の１つ。過去形とあわせて、p.187で一覧表（不規則動詞）をご覧いただけます。

> 「田中さんが予算を削った」のように動作主を明示すると、名指しで批判しているようにも聞こえますね。そこで、受け身にして動作主を伏せています。

be動詞＋過去分詞
The budget was cut.
予算　　　　　削られた　　　　　　　　　　＝ 予算が削られました。

Sake is made from rice.
日本酒　　作られる　　　　　　　　　　　　＝ 日本酒はお米から作られます。

■「現在完了形」とは

「私は10年間、この会社で働いています」のように、ある行動を一定期間続けていることを表したいときは、「現在完了形」という時制を使います。〈have [has] ＋過去分詞〉の形で表します。

have＋過去分詞
I have worked at this company for ten years.
（続けて）働いている　　　　　　　　　　　10年間

＝ 私はこの会社で10年間働き続けている。

また、「（今まで）〜したことがある」とこれまでの経験を伝えたり、「もう〜した」「ちょうど〜した」と、何かがちょうど起こった（完了した）状態であると表現したいときにも現在完了形を使います。

I have been to Africa.
行ったことがある　　　　　　＝ 私はアフリカに行ったことがあります。〈経験〉

The bus has left…
（もう）行ってしまった　　＝ バスがもう行っちゃった……。〈完了〉

129

INPUT 30 *a book about coffee*
「コーヒーについての本」

ネイティブの感覚で理解しよう〈名詞＋前置詞〜〉

　日本語では、名詞を説明するとき、「コーヒーについての本」のように、必ず名詞の前に説明を置きます。一方で、英語では、説明が複数の語句を伴う場合は、a book about coffee と名詞の「うしろ」に置きます。名詞をうしろから説明する感覚を身につけることで、皆さんの英語は格段にレベルアップします。今回のレッスンでは、前置詞を用いたパターンから見ていきましょう。

---

1. This is a picture of my family.

2. Can you get that bag on the sofa?

3. Look at the little cat under the car!

4. Who's that guy with the red necktie?

5. I like movies with a happy ending.

6. I bought you a little gift from Italy.
   *gift：お土産

7. I want to live in a quiet area near a lake.

8. All items on this shelf are 50% off.

9. The staff at the restaurant were very friendly.

10. Her speech about world peace touched many people.

> I bought a book **about coffee**.
> 買った　　　　本（どんな本？）　コーヒーについての
>
> 【名詞】【直後に説明】
>
> about coffee が book にかかり、結果的に a book about coffee という **長い名詞** ができあがる！

---

1. これは写真 **私の家族の**
   （これは私の家族の写真です）

2. 取ってくれませんか あのバッグを **ソファーの上の**
   （ソファーの上のあのバッグを取ってくれませんか）

3. 見てください 子猫を **車の下の**
   （車の下の子猫を見て）

4. 誰ですか あの男性 **赤いネクタイをした**
   （あの赤いネクタイをした男性は誰ですか）

5. 私は好き 映画が **ハッピーエンドの**
   （私はハッピーエンドの映画が好きです）

6. あなたに買った ちょっとしたお土産 **イタリアからの**
   （イタリアからちょっとしたお土産を買ってきましたよ）

7. 私は住みたい 静かな地域に **湖の近くの**
   （私は湖の近くの静かな地域に住みたいです）

8. すべての商品 **この棚にある** ＝ 50％オフ
   （この棚にあるすべての商品が50％オフです）

9. スタッフ **そのレストランの** ＝ とてもフレンドリー
   （そのレストランのスタッフはとてもフレンドリーでした）

10. 彼女のスピーチ **世界平和についての** 多くの人を感動させた
    （彼女の世界平和についてのスピーチは、多くの人を感動させました）

赤字の〈前置詞〜〉が直前の名詞にかかっていることを意識して文意を取りましょう。名詞単体では説明が足りないので、「どんな写真？どのバッグ？」という情報を〈前置詞〜〉で補足しています。

guy with the red necktie「赤いネクタイをした男性」
movies with a happy ending「ハッピーエンドの映画」
with は外見や性格などを説明するときによく使われます。

〈前置詞〜〉の説明が主語にかかることもあります。10. は Her〜peace が主語。こうして「長い主語」が作れると、英会話が一皮むけます。

30 「コーヒーについての本」 a book about coffee

ここに注意してアウトプットしよう〈名詞＋前置詞〜〉

　日本語文を読む際、赤字の説明が直後の名詞にかかっている点を確認しましょう。例）「家族の写真」、「ソファーの上のバッグ」。英語では、この説明部分を名詞の直後につけたします。表したい内容に合わせて前置詞を使い分けることに注意しながら、長い名詞を作りましょう。

---

1. この曲の名前は何ですか。

2. テーブルの上のあの本を取ってくれませんか。

3. このケースの中のブレスレットを見て。

4. あの黒いメガネをした女性は誰ですか。

5. 私はシンプルなデザインの家具が好きです。
   ＊家具：furniture

6. これはケニアからのコーヒーです。（→ケニア産のコーヒーです）

7. 私たちはビーチの前にあるホテルに泊まりました。

8. 私の家の近くのカフェはとてもいい感じです。
   ＊とてもいい感じ：really nice

9. 金曜日のミーティングは、10時に始まります。

10. この本の中にあるアイディアは、とても役に立ちます。
    ＊アイディア：ideas　　役に立つ：useful

> この前置詞がスムーズに言えるかがカギ！
>
> a picture <u>of</u> my family　家族の写真
>
> the bag <u>on</u> the sofa　ソファーの上のバッグ

1. What's the name of this song?

   the name of this song で「この曲の名前」

2. Can you get that book on the table?

3. Look at the bracelet in this case.

4. Who's that woman with the black glasses?

5. I like furniture with a simple design.

   with で woman や furniture の「特徴」を説明しましょう。woman with the black glasses で「黒いメガネをした女性」

6. This is coffee from Kenya.

7. We stayed at a hotel in front of the beach.

   「〜の前」は in front of 〜

8. The cafe near my house is really nice.

9. The meeting on Friday will start at ten.

   8.〜10. は、〈前置詞〜〉が主語にかかるパターンです。「長い主語」を作りましょう。

10. The ideas in this book are very useful.

INPUT 31 apples grown in Aomori
「青森で育てられたリンゴ」

ネイティブの感覚で理解しよう〈名詞＋過去分詞 / -ing形〉

前置詞の他、「過去分詞」や「動詞の -ing 形」を名詞の直後に続けて名詞に説明を加えることができます。過去分詞は「〜られた」と受け身の意味を表す形です。動詞の -ing 形は、「(今まさに)〜している」を表します。(→主な動詞の過去分詞形は巻末の活用表をご覧ください。 p.187)

1. These are tea leaves grown in Shizuoka.

2. I visited an old church built over 1000 years ago.

3. Gyudon is a bowl of rice topped with beef.
   *topped：トッピングされた

4. This is a picture taken in Spain during my honeymoon.

5. The clothes sold there are expensive.

6. Who's that man wearing the big mask?

7. There's a drunk person sleeping on the ground.
   *drunk person：酔っぱらいの人

8. The cafe is full of people studying and working.

9. I offered my seat to a woman carrying a heavy bag.

10. Look at that long line of people waiting in front of the ramen shop.

> 名詞 過去分詞で説明 (〜られた)
> These are apples <u>grown in Aomori</u>
> リンゴ　育てられた
> → apples grown in Aomori で「青森で育てられたリンゴ」
>
> 名詞 -ing形で説明 (〜している)
> Who's that man <u>talking with Mr. Sato</u>?
> 男性　話している
> → man talking with Mr. Sato で「佐藤さんと話している男性」

---

1. これは茶葉 静岡で育てられた
（これは静岡で栽培された茶葉です）

2. 私は訪れた 古い教会を 1000年以上前に建てられた
（私は1000年以上前に建てられた古い教会を訪れました）

赤字の〈過去分詞〜〉が直前の名詞にかかっています。「どんな？どの？」という問いに答えるようにして、「〜られた」という補足説明を読み取りましょう。

3. 牛丼とはご飯のどんぶり 牛肉でトッピングされた
（牛丼とは、牛肉でトッピングされたご飯のどんぶりのことです）

4. これは写真 ハネムーンのときにスペインで撮られた
（これはハネムーンのときにスペインで撮った写真です）

5. 服 そこで売られている ＝ 高価
（そこで売られている服は高いです）

〈過去分詞〜〉のカタマリが長くなることもあります。カタマリ全体で名詞の説明となる点に注意しましょう。

6. 誰ですか あの男性 大きなマスクをしている
（大きなマスクをしているあの男性は誰ですか）

7. いる 酔っぱらいが 地面で寝ている
（地面で寝ている酔っぱらいの人がいます）

-ing形は「（今まさに）〜している」を表します。

8. カフェは一杯 人々で 勉強や仕事をしている
（カフェは勉強や仕事をしている人たちで一杯です）

people studying and working で「勉強や仕事をしている人々」

9. 私は席を譲った 女性に 重たいバッグを持っている
（私は重たいバッグを持っている女性に席を譲りました）

10. 見て あの長い行列の人 ラーメン店の前で待っている
（ラーメン店の前で待っているあの長い行列の人を見てください）

10.は、〈-ing形〜〉の長いカタマリが直前の line of people にかかっています

OUTPUT 31 「青森で育てられたリンゴ」 apples grown in Aomori

ここに注意してアウトプットしよう〈名詞＋過去分詞 / -ing形〉

　前置詞のときと同様、日本語文を読む際は、赤字の説明が直後の名詞にかかっている点を確認しましょう。例)「静岡で栽培された茶葉」、「バッグを持っている女性」。「〜られた」という説明は過去分詞、「〜している」は -ing 形で表します。なお、過去分詞は -ed の形になる場合と、不規則に変化する場合があります。主な不規則動詞は次の表で確認できます。 → p.187

1. 私はアジアで栽培されたコーヒー豆が好きです。

2. これは300年以上前に書かれた小説です。

3. 私は生クリームがトッピングされたケーキを食べました。
   *生クリーム：whipped cream

4. これは宮崎駿(Hayao Miyazaki)によって制作されたアニメです。
   *アニメ：anime　　制作する：create

5. ドイツ製の車は日本で人気です。
   *「ドイツ製の〜」は「ドイツで作られた〜」と考えましょう。

6. ドアのそばで立っているあの女の子は誰ですか。

7. 公園で走っている人がたくさんいます。

8. 肉を食べているあのライオンを見てください。

9. あそこを飛んでいるあの大きなハチが見えますか。
   *ハチ：bee　　あそこを：over there

10. 私は券売機を使おうとしている観光客を手伝いました。
    *観光客：tourist　　券売機：ticket machine

> **過去分詞の作り方**
>
> ● パターン① -ed で終わる
> use (使う) → used (使われた)
>
> ● パターン② 不規則に変化する
> write (書く) → written (書かれた)

1. I like coffee beans grown in Asia.

   〔coffee beans grown in Asia で「アジアで栽培されたコーヒー豆」〕

2. This is a novel written over 300 years ago.

3. I had a cake topped with whipped cream.

   〔anime (アニメ) は英語化しています。〕

4. This is an anime created by Hayao Miyazaki.

5. Cars made in Germany are popular in Japan.

   〔「〜製」は made in 〜 と表します。Made in Japan は「日本で作られた」→「日本製」〕

6. Who's that girl standing by the door?

   〔「〜している」は -ing 形〕

7. There are many people running in the park.

8. Look at that lion eating the meat.

   〔run や stop などごく一部の動詞は、最後の子音を重ねてから ing をつけます。
   run → running
   stop → stopping〕

9. Can you see that big bee flying over there?

10. I helped a tourist trying to use the ticket machine.

    〔try to 〜「〜しようとする」〕

32 mini test 【前置詞～/分詞～】

Lesson30〜31 では、前置詞と分詞を用いて名詞を説明する（→長い名詞を作る）方法を練習しました。それぞれの前置詞の使い分け、また過去分詞（〜られた）と -ing 形（〜している）の使い分けができるかを確認してみましょう。

1. これは私の家族の写真です。

2. 私はブラジルで栽培されたコーヒー豆が好きです。

3. テーブルの上のあの本を取ってくれませんか。

4. 私の家の近くのイタリアンレストランはとてもいい感じです。

5. 地面で寝ている酔っぱらいの人がいます。

6. 私はシンプルなデザインのドレスが欲しいです。

7. 日本製の車は海外で人気です。
   *「海外で」は overseas

8. この棚にあるすべての商品が50％オフです。

9. 沖縄からちょっとしたお土産を買ってきましたよ。〈相手に対して〉

10. 私は、重たいバッグを持っている女性に席を譲りました。

> 【名詞+前置詞】
>   a book about coffee「コーヒーについての本」
> 【名詞+過去分詞～】
>   apples grown in Aomori「青森で育てられたリンゴ」
> 【名詞+-ing形～】
>   the man wearing the mask「マスクをしている男性」

1. This is a picture of my family.

2. I like coffee beans grown in Brazil.

3. Can you get that book on the table?

4. The Italian restaurant near my house is really nice.

5. There's a drunk person sleeping on the ground.

6. I want a dress with a simple design.

7. Cars made in Japan are popular overseas.

8. All items on this shelf are 50% off.

9. I bought you a little gift from Okinawa.

10. I offered my seat to a woman carrying a heavy bag.

INPUT 33 the cookies you made
「あなたが作ったクッキー」

ネイティブの感覚で理解しよう〈名詞＋主語＋動詞〜〉

名詞の直後に〈主語＋動詞〜〉を続けて名詞を説明することもできます。the cookies you made は、「あなたが作ったクッキー」。〈前置詞〜〉や〈過去分詞〜〉などのパターンに比べて、新しい主語＋動詞を丸ごとつけたすため、幅広い説明ができてとても便利です。これまでと同様、「どんな？どの？」を意識して赤字の説明部分を読み取りましょう。

1. These are pictures I took in Kyoto.

2. I'll give you anything you want.

3. The movie we watched yesterday was great.

4. The people I met there were very kind.

5. Please show me the dress you bought.

6. I read the book that [which] you recommended.
   *recommend：薦める

7. The computer that [which] I'm using now is too slow.

8. There are many things that [which] I want to do.

9. The people who [that] I met at the party were friendly.

10. Mr. Sato is a person who [that] I respect very much.

> 名詞　主語＋動詞〜
> The cookies you made were delicious.
> 　クッキー　あなたが作った　　おいしかった
> ⇩ 関係代名詞thatを置いても同じ意味
> The cookies [that] you made were delicious.
> ↑「ここから先はcookiesの説明ですよ」という合図

---

1. これらは写真 私が京都で撮った
（これらは私が京都で撮った写真です）

2. 私があげよう 何でも あなたが欲しい（物）
（あなたが欲しい物は何でもあげましょう）

3. 映画 私たちが昨日観た ＝ すばらしかった
（私たちが昨日観た映画はすばらしかったです）

4. 人々 私がそこで出会った ＝ とても親切だった
（私がそこで出会った人たちはとても親切でした）

5. 見せてください ドレスを あなたが買った
（あなたが買ったドレスを私に見せてください）

6. 私は読んだ 本を あなたが薦めていた
（あなたが薦めていた本を読みました）

7. パソコン 私がいま使っている ＝ 遅すぎる
（私がいま使っているパソコンは遅すぎます）

8. たくさんのことがある 私がやりたい
（私はやりたいことがたくさんあります）

9. 人々 私がパーティーで出会った ＝ フレンドリーだった
（私がパーティーで出会った人たちはフレンドリーでした）

10. 佐藤さんは人 私がとても尊敬する
（佐藤さんは、私がとても尊敬する人です）

> picturesやanythingなど、名詞単体では説明が足りないので、直後に〈主語＋動詞〜〉で補足しています。

> 3.と4.では「長い主語」ができています。

> that自体には重要な意味はなく、「どんな本かと言うと……」と説明の中身へと導いているに過ぎません。なお、説明している名詞が「物」の場合は、thatの代わりにwhichを使うこともあります。

> 説明している名詞が「人」の場合は、whoがよく使われます。

OUTPUT 33 「あなたが作ったクッキー」 the cookies you made

ここに注意してアウトプットしよう〈名詞＋主語＋動詞〜〉

名詞の直後に〈主語＋動詞〜〉を続けて、どんな人・モノかを説明しましょう。以下の文はいずれも、関係代名詞を使っても使わなくても OK です。1. 〜 5. は関係代名詞なし、6. 〜 10. は関係代名詞ありの形で英文を掲載しています。関係代名詞を使う際は、「どんな○○かと言うと……」とつなげる感覚を意識して使いましょう。

---

1. これは私が誕生日にもらったシャツです。
   *もらう：get　誕生日に：for my birthday

2. あなたが欲しい物は何でも買っていいですよ。

3. サヤカが薦めていた本はとても興味深かったです。
   *薦める：recommend

4. 私が公園で見かけた男性は、黒い帽子をかぶっていました。

5. あなたが北海道で撮った写真を、私に見せてください。
   *show（見せる）のあとに 2 つの目的語を続けましょう。

6. これは私が大好きな映画です。
   *〜が大好き：like 〜 very much

7. 私がいま運転している車はとても古いです。

8. （私は）訪れたい場所がたくさんあります。

9. 私の友人が紹介してくれた先生は、とても親切です。
   *紹介する：introduce

10. 彼女は私がとても信頼している人です。

> **関係代名詞の使い分け**
> - 「人」の場合は、**who** がよく使われる（**that**も可）
> - 「物」の場合は、**that** がよく使われる（**which**も可）
>
> ☞ 迷ったら **that** を使うのもアリ！

1. This is a shirt I got for my birthday.

   (a shirt I got for my birthday で「私が誕生日にもらったシャツ」)

2. You can buy anything you want.

3. The book Sayaka recommended was very interesting.

4. The man I saw in the park was wearing a black hat.

5. Please show me the pictures you took in Hokkaido.

6. This is a movie that I like very much.

   (show のあとに、「誰に」(me) →「何を」(the pictures you took …) と2つの目的語が続いています。)

7. The car that I'm driving now is very old.

8. There are many places that I want to visit.

   (6.~8.は、that の代わりに which でもOK。9.~10.は that でもOK。)

9. The teacher who my friend introduced is very kind.

10. She is a person who I trust very much.

INPUT 34 the train that goes to Tokyo
「東京行きの電車」

ネイティブの感覚で理解しよう〈名詞＋that [who]＋動詞〜〉

前回は、名詞のあとに〈that [who]＋主語＋動詞〜〉を続けるパターンを取り上げましたが、実は、主語を置かずにいきなり〈that [who]＋動詞〜〉と説明を加えることもできます。たとえば、「東京に行く電車」は the train that goes to Tokyo。the train「電車」に対して、関係代名詞 that でつないだあとに、goes to Tokyo「東京に行く」と動詞〜の形で説明を加えています。

---

1. This is the bus that goes to Meguro.

2. This is a book that changed my life.

3. I like songs that make me happy.

4. Where is the cake that was in the refrigerator?

5. I bought two sweaters that were on sale.

6. I have a friend who can teach English.

7. An architect is a person who designs buildings.

8. I know some people who work in the fashion industry.

9. The number of people who visit Japan is increasing.

10. He is the man who stole my wallet.

> that [who] + 動詞～
>
> This is the train that goes to Tokyo.
> 　　　　　　[名詞]　　　[動詞～]
> 　　　　　　電車〈どんな？〉東京に行く
>
> これが東京に行く電車です。(→ 東京行きの電車です)

---

1. これはバス 目黒に行く
   (これが目黒行きのバスです)

2. これは本 私の人生を変えた
   (これは私の人生を変えた本です)

3. 私は好き 歌が 私を幸せな気分にする
   (幸せな気分にしてくれる歌が好きです)

4. どこですか ケーキは 冷蔵庫に入っていた
   (冷蔵庫に入っていたケーキはどこですか)

5. 私は2着買った セーターを セール中の
   (私はセール中のセーターを2着買いました)

6. 私は いる 友人が 英語を教えられる
   (英語を教えられる友人がいますよ)

7. architectとは人 建物を設計する
   (architectとは、建物を設計する人です)

8. 私は 知っている 何人か ファッション業界で働いている
   (私はファッション業界で働いている人を何人か知っています)

9. 人の数 日本を訪れる = 増えている
   (日本を訪れる人の数は増えています)

   > The numberからJapanまでが「長い主語」です。

10. 彼が男の人 私の財布を盗んだ
    (彼が私の財布を盗んだ男です)

■文法ワンポイント
説明部分の〈動詞～〉を読む際は、直前の名詞が動作主である点を意識しましょう。the bus that goes to Meguroの場合、goes to ～するのは直前の名詞busです。(バスが目黒に行く) こうして直前の名詞がそのまま説明部分の動作主になる場合は、新たな主語を置く必要がありません。前回のthe movie that I watched「私が観た映画」と比べると、ここではwatchedしたのはあくまでも「私」なので(動作主はI)、新たに主語Iを置く必要があります。

34 「東京行きの電車」 the train that goes to Tokyo

ここに注意してアウトプットしよう 〈名詞＋that [who]＋動詞〜〉

名詞のあとに〈that [who] ＋動詞〜〉を置いて説明を加えましょう。なお、前レッスンのように関係代名詞のあとに〈主語＋動詞〜〉が続く場合は、関係代名詞はあってもなくても OK ですが、**主語を置かずにいきなり〈動詞〜〉を続ける場合は、関係代名詞は必ず必要です。**the train ~~that~~ goes to Tokyo とは言えません。

---

1. これが名古屋に行く電車です。

2. これは世界を変えたスピーチです。

3. 私は幸せな気分にしてくれる映画が好きです。

4. 机の上にあったフォルダーは、どこですか。

5. これは1960年代に人気だった曲です。
   *1960年代：the 1960s

6. 私たちは中国語を話せる人が必要です。

7. chef とは食べ物を料理する人のことです。

8. 私はあなたの会社に勤めている人を何人か知っています。

9. 私はよく笑う人が好きです。

10. そのイベントに参加したい人は、金曜日までに参加登録しなければなりません。 *参加登録する：register

> ❌ the train goes to Tokyo
> trainの補足説明ということがよくわからないうえ、独立した文にも見えるので"NG"!
>
> ⭕ the train **that** goes to Tokyo
> that以降がtrainの説明だとわかるので必ず必要!

1. This is the train that goes to Nagoya.

   > 関係代名詞の直前の名詞が動作主になるので、説明文の動詞は三人称単数trainに合わせてgoesとします。

2. This is a speech that changed the world.

3. I like movies that make me happy.

   > 4.と5.は、be動詞(was)を忘れないようにしましょう。

4. Where is the folder that was on the desk?

5. This is a song that was popular in the 1960s.

6. We need a person who can speak Chinese.

   > 説明したい名詞が「物」の場合はwhichを使ってもOKです。「人」の場合は、whoがよく使われますがthatもOKです。

7. A chef is a person who cooks food.

8. I know some people who work at your company.

9. I like people who smile a lot.

10. People who want to join the event must register by Friday.

35 mini test【関係代名詞】

Lesson33〜34では、関係代名詞を用いて名詞を説明する(→長い名詞を作る)方法を取り上げました。関係代名詞のあとには、〈主語＋動詞〜〉を続ける場合と、いきなり〈動詞〜〉を続ける場合とがあるのでしたね。この2パターンを正確に使い分けられるか確認してみましょう。

1. これらは私が北海道で撮った写真です。

2. これが金沢行きの電車です。

3. 私はよく笑う人が好きです。

4. これは私が誕生日にもらったネクタイです。

5. これは1990年代に人気だったバンドです。

6. 彼は私がとても尊敬する人です。

7. 私は幸せな気分にしてくれる映画が好きです。

8. 冷蔵庫に入っていたケーキはどこですか。

9. あなたが薦めてくれた本はとても良かったです。

10. architectとは、建物を設計する人のことです。

> 名詞　主語+動詞〜
> the cookies (that) you made　あなたが作ったクッキー
>
> 名詞　動詞〜
> the train that goes to Tokyo　東京に行く電車

1. These are pictures (that) I took in Hokkaido.

2. This is the train that goes to Kanazawa.

3. I like people who smile a lot.

4. This is a necktie (that) I got for my birthday.

5. This is a band that was popular in the 1990s.

6. He is a person (who) I respect very much.

7. I like movies that make me happy.

8. Where is the cake that was in the refrigerator?

9. The book (that) you recommended was very good.

10. An architect is a person who designs buildings.

36 how to ～ 「どうやって～したらよいか」

ネイティブの感覚で理解しよう〈疑問詞+to～〉

疑問詞は質問の文頭で使うのが基本ですが、文中で使う方法もあります。Do you know <u>how</u> to use this software? では、Do you know「知っていますか」のあとで、(何をかと言うと) <u>how to use</u> this software「どうやってこのソフトを<u>使えばよいか</u>」と続きます。〈疑問詞 + to ～〉をセットで使うことで、「～したらよいか」という長い名詞を作ることができます。

---

1. I don't know how to use this machine.

2. I'll teach you how to make great curry.

3. I didn't know what to say.

4. Do you know where to buy tickets?

5. The company hasn't decided when to release the product.
   *haven't [hasn't] ～：(まだ)～していない　decide：決める

6. Can you tell me how to get to Green Station?

7. Did Ms. Kato tell you what time to come?

8. Do you know which train to take?

9. I can't decide what dress to wear to the wedding.

10. I didn't know who to ask for help.

> 疑問詞 + to ～ (～したらよいか)
> Do you know **how to use** this software?
> どうやってこのソフトを使えばよいか
> (= ソフトの使い方)
>
> その他
> what to ～ 何を～したらよいか　　when to ～ いつ～したらよいか
> where to ～ どこで[に]～したらよいか　　which to ～ どちらを～したらよいか

---

1. 私は分からない **どうやってこの機械を使えばいいのか**（私はこの機械の使い方が分かりません）

   〔how to ～ は「～の仕方」と訳せます〕

2. 私があなたに教えよう **どうやっておいしいカレーを作ればよいか**（あなたにおいしいカレーの作り方を教えてあげましょう）

3. 私は分からなかった **何を言えばよいか**（私は何と言えばいいか分かりませんでした）

   〔疑問詞に注目して意味を取りましょう。〕

4. あなたは分かりますか **どこでチケットを買えばよいか**（どこでチケットを買えばいいか分かりますか）

5. その会社はまだ決めていない **いつ商品をリリースすればよいか**（その会社は、商品をいつリリースするかまだ決めていません）

6. 私に教えてくれませんか **どうやってグリーン駅に行ったらよいか**（グリーン駅への行き方を私に教えてくれませんか）

   〔how to get to ～ で「～への行き方」。道順を尋ねるときの定番表現です。〕

7. 加藤さんはあなたに言いましたか **何時に来ればよいか**（加藤さんは、何時に来ればいいかあなたに言いましたか）

8. あなたは分かりますか **どの電車に乗ればよいか**（どの電車に乗ればいいか分かりますか）

9. 私は決められない **結婚式に何のドレスを着て行けばよい**（私は、結婚式に何のドレスを着て行けばいいかを決められません）

   〔what や which は あとに名詞を組み合わせることができます。what dress to ～、which train to ～〕

10. 私は分からなかった **誰に助けを求めればよいか**（私は、誰に助けを求めればいいのか分かりませんでした）

36 「どうやって〜したらよいか」 how to 〜

ここに注意してアウトプットしよう〈疑問詞+to〜〉

〈主語＋動詞…〉を組み立てたあとに、目的語の位置で〈疑問詞＋to 〜〉のカタマリを置きましょう。このパターンは、know、decide、teach、ask、tell など「思考・伝達」を表す動詞のあとでよく使われます。teach、ask、tell など目的語を2つとれる動詞の場合、2つ目の目的語（「何を」）の位置で使います。

---

1. あなたは天ぷらの作り方を知っていますか。

2. あなたにこのアプリの使い方を教えてあげましょう。
   *アプリ：app

3. 私は何をすればいいか分かりませんでした。

4. どこに電話すればいいか私に教えてくれませんか。
   *tell(教える、伝える)を使いましょう。

5. 私はいつ夏休みを取るかまだ決めていません。
   *夏休みを取る：take my summer vacation

6. White Parkへの行き方を知っていますか。

7. 先生が、私たちに何の本を読めばいいか教えてくれました。
   *tell(教える、伝える)を使いましょう。

8. どちらの方向に行けばいいか分かりますか。
   *どちらの方向：which way

9. どこに申込書を送ればよいか私に教えてくれませんか。
   *申込書：the application form

10. 私は父の誕生日に何を買えばいいか分かりません。

> **目的語が2つ続く場合**
>
> I'll teach you how to make great curry.
>   ①誰に   ②何を
>   あなたに どうやっておいしいカレーを作るか
>   (＝おいしいカレーの作り方)
>
> ⇨ あなたにおいしいカレーの作り方を教えてあげましょう。

---

1. Do you know how to make tempura?

   （「〜の仕方」は how to 〜）

2. I'll teach you how to use this app.

3. I didn't know what to do.

   （「何?」「どこ?」「いつ?」など、疑問詞の使い分けに注目しましょう。）

4. Can you tell me where to call?

5. I haven't decided when to take my summer vacation.

6. Do you know how to get to White Park?

7. The teacher told us what book to read.

   （「何の本」→ what book 「どちらの方向」→ which way）

8. Do you know which way to go?

9. Can you tell me where to send the application form?

10. I don't know what to buy for my father's birthday.

    （what to buy を組み立ててから for 〜 をつけたしましょう。）

153

37 where she went「彼女がどこに行ったか」

ネイティブの感覚で理解しよう〈where she went〉

疑問詞は to ~と組み合わせるほか、where she went のように〈疑問詞＋主語＋動詞~〉のカタマリ（名詞）で使うこともできます。to ~に比べて、丸ごと新しい〈主語＋動詞~〉を組み合わせるので表現できる内容が幅広く、会話で重宝します。

1. Tell me what you want.

2. Do you know where Sayaka lives?

3. Do you know what time it is?

4. Do you know why Mr. Takeda is angry?

5. I can't remember where I put my watch.
   *remember：思い出す

6. Can you tell me what time the next train comes?

7. I don't understand what you're saying.

8. Guess how much this shirt was.
   *guess：（答えを）当ててみる

9. Do you know how I can change my password?

10. I haven't decided what I'm going to do during Golden Week.

> 疑問詞＋主語＋動詞〜（〜なのか）
> Do you know **where Yuko went**?
> 　　　　　　　ユウコがどこに行ったか
> ⇒ ユウコがどこに行ったか知っていますか。

1. 教えてください **あなたが何を欲しいのか**
（あなたが何を欲しいか教えてください）

2. あなたは知っていますか **サヤカがどこに住んでいるか**（サヤカがどこに住んでいるか知っていますか）

3. あなたは分かりますか **いま何時なのか**
（いま何時か分かりますか）

> 文頭の〈主語＋動詞〉を読んだあと、「何を？」を意識しながら〈疑問詞＋主語＋動詞〜〉のカタマリ（目的語）を読み取りましょう。

4. あなたは知っていますか **どうして武田さんが怒っているのか**
（どうして武田さんが怒っているか知っていますか）

5. 私は思い出せない **どこに時計を置いたのか**
（私は時計をどこに置いてしまったのか思い出せません）

6. 私に教えてくれませんか **次の電車が何時に来るか**
（次の電車が何時に来るか私に教えてくれませんか）

7. 私は理解できない **あなたが何を言っているのか**
（あなたが何を言っているのか、私は理解できません）

8. 当ててみて **このシャツがいくらだったか**
（このシャツがいくらだったか当ててみてください）

> how much は「（金額が）いくら」

9. あなたは知っていますか **どうやってパスワードを変えられるか**
（どうやってパスワードを変えられるか知っていますか）

10. 私はまだ決めていない **ゴールデンウィーク中に何をするか**（私はゴールデンウィークに何をするかまだ決めていません）

> be going to 〜 で未来の予定を表しています。

37 「彼女がどこに行ったか」 where she went

ここに注意してアウトプットしよう〈where she went〉

〈主語＋動詞…〉を組み立てたあとに、目的語の位置で〈疑問詞＋主語＋動詞 〜〉のカタマリを置きましょう。疑問詞のあとに丸ごと新しい文が続くので、内容によっては、かなり大きなカタマリができます。どの疑問詞を使うべきかにも注意しながら長い目的語（名詞）を組み立てましょう。

1. 私は彼女が何を欲しいのか分かりません。

2. タク(Taku)がどこに行ったか知っていますか。

3. いま何時か分かりますか。

4. 私のバッグがどこにあるか知っていますか。

5. 私は彼が誰なのかが思い出せません。

6. あなたのフライトが何時に到着するか教えてくれませんか。
   *フライト：flight　到着する：arrive

7. あなたがどうしてそんなことを言うのか私には理解できません。
   *そんなこと：such a thing

8. この靴がいくらだったか当ててみてください。

9. どうやって(私が)予約をできるか知っていますか。

10. 私は退職後に何をするかまだ決めていません。
    *退職後に：after retiring

> **長い目的語**
>
> Guess how much this shirt was.
> 　　　疑問詞　　　　主語　　動詞
>
> 当てて（何を？）このシャツがいくらだったか
>
> ⇨ このシャツがいくらだったか当ててみてください。

---

1. I don't know what she wants.

2. Do you know where Taku went?

3. Do you know what time it is?

   > what time is it という語順になってしまわないように注意。文中で名詞のカタマリを作るときは、〈疑問詞＋主語＋動詞〜〉の語順にします。

4. Do you know where my bag is?

5. I can't remember who he is.

6. Can you tell me what time your flight arrives?

7. I don't understand why you say such a thing.

8. Guess how much these shoes were.

   > 複数形 shoes（靴）に合わせて these や were を使いましょう。

9. Do you know how I can make a reservation?

10. I haven't decided what I'm going to do after retiring.

38 mini test 【疑問詞～】

Lesson36～37では、疑問詞を用いて長い名詞を作る方法を練習しました。疑問詞には、〈to ～〉または〈主語＋動詞～〉を組み合わせることができるのでしたね。この2つを使い分けられるか確認してみましょう。

---

1. おいしいカレーの作り方をあなたに教えてあげましょう。

2. 私のバッグがどこにあるか知っていますか。

3. 私は何て言えばいいか分かりませんでした。

4. 私はあなたが言っていることが理解できません。

5. いま何時か分かりますか。

6. 私は財布をどこに置いたか思い出せません。
   *財布：wallet

7. グリーン駅(Green Station)への行き方は分かりますか。

8. あなたが何を欲しいのか私に言ってください。

9. 私はどの電車に乗れば良いか分かりません。

10. どうしてお母さんが怒っているか知っていますか。

> 疑問詞 + to ～
> how to ～
> what to ～
> when to ～
> where to ～
> which to ～ など

> 主語 + 動詞 ～
> what time it is
> who he is
> how much it was
> where it is
> which you like など

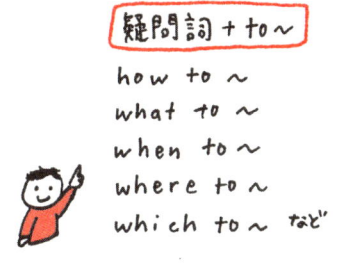

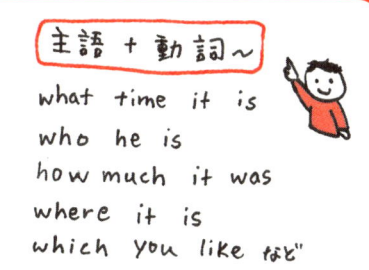

1. I'll teach you how to make great curry.

2. Do you know where my bag is?

3. I didn't know what to say.

4. I don't understand what you're saying.

5. Do you know what time it is?

6. I can't remember where I put my wallet.

7. Do you know how to get to Green Station?

8. Tell me what you want.

9. I don't know which train to take.

10. Do you know why Mom is angry?

39 final test 長い名詞【統合型】

PART 3で練習した様々な「長い名詞」を作る方法をまとめて練習しましょう。名詞の直後に説明を加える場合は、前置詞、過去分詞、関係代名詞などの方法がありましたね。また、疑問詞に to〜などを組み合わせることで長い名詞を作ることもできます。まずは、それぞれのパターンをパッと見抜いて意味が取れるかを確認しましょう。

1. Do you know how to use this app?

2. The woman wearing the black skirt is Ms. Smith.

3. I work at a company that makes websites.

4. Do you know what time the festival starts?

5. The people I met in Bangkok were very kind.

6. Can you tell me where to buy tickets?

7. I like songs that have a beautiful melody.

8. Can you see the big sea turtle swimming over there?
   *sea turtle：ウミガメ

9. The title of the movie I watched yesterday is *Before Sunrise*.

10. This wine is made from grapes grown in California.

> 長い名詞を作る方法
>
> ①名詞をうしろから説明
>   - 【名詞+前置詞〜】
>   - 【名詞+過去分詞〔-ing形〕〜】
>   - 【名詞+(that)+主語+動詞〜】
>   - 【名詞+ that +動詞〜】
>
> ②疑問詞と組み合わせる
>   - 【疑問詞+ to 〜】
>   - 【疑問詞+主語+動詞〜】

1. 分かりますか どうやってこのアプリを使えばいいのか
   (このアプリの使い方を分かりますか)

2. 女性 黒いスカートをはいている＝スミスさん
   (黒いスカートをはいている女性がスミスさんです)

3. 私は働いている 会社で ウェブサイトを制作する
   (私はウェブサイトを制作する会社で働いています)

4. 知っていますか 何時にお祭りが始まるか
   (何時にお祭りが始まるか知っていますか)

5. 人々 私がバンコクで出会った＝とても親切だった
   (私がバンコクで出会った人々はとても親切でした)

6. 教えてくれませんか どこでチケットを買えばいいか
   (どこでチケットを買えばいいか教えてくれませんか)

7. 私は好き 曲が 美しいメロディーを持つ
   (私は美しいメロディーの曲が好きです)

8. 見えますか 大きなウミガメが あそこを泳いでいる
   (あそこを泳いでいる大きなウミガメを見えますか)

9. タイトル 私が昨日観た映画の ＝ *Before Sunrise*
   (私が昨日観た映画のタイトルは*Before Sunrise*です)

10. このワインは作られている ぶどうで カルフォルニアで育てられた
    (このワインは、カルフォルニアで育てられたぶどうで作られています)

39 final test 長い名詞【統合型】

「黒いスカートをはいている女性」「私がバンコクで出会った人々」のように、名詞の前にどのような説明が来ているかに注意して、過去分詞 / -ing形 / 関係代名詞などを使い分けましょう。また、目的語で〈疑問詞 + to ～〉や〈疑問詞＋主語＋動詞～〉のカタマリを置く文もミックスしています。それぞれの使い方を整理しながら作文しましょう。

1. おいしいパンケーキの作り方を教えてあげましょう。

2. あの青いネクタイをしている男性がジョンです。

3. 私は家具をデザインする会社で働いています。

4. いま何時か分かりますか。

5. あなたが薦めてくれた映画はとても良かったです。

6. 私は彼に何と言えばいいか分かりませんでした。

7. 私はハッピーエンドの物語が好きです。
   *物語：story

8. あそこにバナナを食べているゴリラがいる！〈動物園で〉

9. 私が訪れたレストランの名前はStellaです。

10. この日本酒は、新潟で育てられたお米で作られています。
    *日本酒：sake

使い分けのポイント

- 過去分詞は「〜られた」、-ing形は「〜している」
- 関係代名詞のあと、説明文に新たな動作主がいる場合は〈主語＋動詞〜〉、直前の名詞が動作主の場合はそのまま〈動詞〜〉
- 〈主語＋動詞〜〉が続く場合は、関係代名詞は省略可

---

1. I'll teach you how to make great pancakes.

2. That man wearing the blue tie is John.
   *That man with the blue tie でもOK。

3. I work at a company that designs furniture.

4. Do you know what time it is?

5. The movie (that) you recommended was very good.

6. I didn't know what to say to him.

7. I like stories that have a happy ending.
   Stories with a happy ending でもOK。

8. There's a gorilla eating a banana over there!

9. The name of the restaurant (that) I visited is Stella.

10. This sake is made from rice grown in Niigata.

巻末付録

日本人がつまずきやすい英文法

★ 名詞の「単数形」と「複数形」

　物や人、場所など具体的な対象を表す語を「名詞」と言います。英語では、「1冊の本」は a book、「2冊の本」は two books というように、数えることができる名詞のことを可算名詞と言います。また、単数と複数を区別するときは、1つ（単数）のときと2つ以上（複数）のときとで名詞の形を変えます。

　a book のように、数が1つのときは名詞の前に a をつけます。apple や orange のように母音 (a, e, i, o, u) で始まる名詞の前には a ではなく an をつけます。ただし、my（私の）や Mike's（マイクの）など「だれだれの」を表すときや、今までの話題に出てきたもの、特定のものを表す the を用いるときには a や an をつけません。この a / an, the については、別のおさらいコーナー【a と the の使い分け】(p.171) でくわしく説明しますね。

　two books、five cats、ten apples のように、数が2つ以上のときは名詞に s をつけます。数字以外にも、some（いくつかの）や a lot of（たくさんの）、many（たくさんの）のあとの名詞は複数形にします。

　多くの名詞は、book → books、cat → cats、orange → oranges のようにそのまま s をつければいいのですが、そうでない名詞もあります。ここで、いくつか注意すべき複数形をまとめて説明しておきます。

① es をつける名詞
　語尾が s, sh, ch, x, o などで終わる名詞には es をつける。

　　class（授業、クラス）→ classes
　　church（教会）→ churches
　　box（箱）→ boxes
　　match（マッチ）→ matches
　　bus（バス）→ buses

② 子音＋y で終わる名詞
　y を i に変えて es をつける。

country（国）→ countries
city（都市）→ cities
family（家族）→ families
strawberry（いちご）→ strawberries
story（物語）→ stories

③不規則に変化する名詞

man（男性）→ men
woman（女性）→ women
child（子ども）→ children
calf（子牛）→ calves
foot（足）→ feet
knife（ナイフ）→ knives
leaf（葉）→ leaves
life（生命）→ lives

④単複同形

複数になっても単数と同じ形のままの名詞。主に魚や動物で見られます。また、-ese で終わる「～人」の場合もそのままです。

fish　＊ただし、複数の種類を表す場合は a lot of fishes となる。
carp
deer
sheep
Japanese
Chinese
Vietnamese

⑤文字・数字・略語の複数形
　通常、末尾に s をつけます（'s をつける場合もあります）。

　　the 3Rs　＊3R とは reuse, reduce, recycle のこと
　　CDs
　　DVDs
　　CPUs
　　1970s
　　figs.　＊fig. は figure（図表）のこと

⑥常に複数形のもの
　対になっているものは常に複数形にします。

　　scissors
　　pajamas
　　gloves
　　pants
　　shoes
　　jeans
　　socks

★ 数えられる名詞 VS. 数えられない名詞

　orange や bus は「1 個」「1 台」のように数えることができる名詞ですね。このような名詞を可算名詞と言います。反対に、数えられない名詞というものもあります。time（時間）や water（水）、music（音楽）などがその例で、不可算名詞と言います。

　このように、「どこからどこまでが 1 つ」という具体的な区切りや形がないものに対しては数えることができないので、a / an はつけませんし、複数形にもしません。

　具体的にどのようなものが不可算名詞なのか、いくつかの名詞を表にまとめてみます。

不可算名詞の例

物質名詞 （液体、素材、材料など）	water（水） tea（お茶） paper（紙） milk（牛乳）	ice（氷） coffee（コーヒー） rain（雨） gas（ガス）
「1 つ、2 つ」と数えられず全体としてとらえるもの	time（時間） homework（宿題） love（愛）	money（お金） work（仕事） beauty（美）
固有名詞 （地名・人名など）	Japan（日本） Mt. Fuji（富士山）	Jane（ジェーン〈人名〉） Tokyo Station（東京駅）
言語名、教科名、スポーツ名など	Japanese（日本語） science（理科） math（算数） baseball（野球） tennis（テニス）	English（英語） history（歴史） chemistry（化学） soccer（サッカー）

　数え方についてですが、可算名詞の場合は、two oranges, ten pencils, fifty books など具体的な数字を示してから名詞を複数形にします。不可算名詞の場合は、数えられないためそのまま〈数字＋名詞〉で表すことはできません。

その代わり、具体的な形状・量・重さなどの単位で数えることができます。

 a cup (two cups) of coffee / tea（コーヒー／紅茶1杯〈2杯〉）
 a bottle of wine / beer（ワイン／ビール1瓶）
 a glass of milk / water / wine（牛乳／水／ワイン1杯）
 a bowl of soup / rice（スープ／ご飯1杯）
 a sheet of paper（紙1枚）
 a piece of information / art / DNA
        （情報の一部／芸術作品／DNAの断片）
 a spoonful of sugar / salt / flour（砂糖／塩／小麦粉1さじ）
 a pound of butter / sugar / fat（バター／砂糖／脂肪1ポンド）
 a gallon of milk / gasoline / butter
        （牛乳／ガソリン／バター1ガロン）

「多い・少ない」など数量を表す言い方は最も汎用性の高いフレーズですのでしっかり覚えて、使い分けできるようにしておきましょう。

数量を表す言い方

	可算名詞：複数形にする	不可算名詞：複数形にしない
たくさんの	a lot of books（たくさんの本） many books（たくさんの本）	a lot of snow（たくさんの雪） much snow（たくさんの雪）
いくらかの	some books（何冊かの本）	some snow（いくらかの雪）
少しの	a few books（少しの本）	a little snow（少しの雪）

＊manyとa fewは可算名詞に、muchとa littleは不可算名詞に使います。

★ a と the の使い分け方

book や apple などの可算名詞は単数の場合、a / an か the をつけます。a / an は、「いくつかある中の、特定のものでない 1 つ」をイメージして使われます。このような a / an を不定冠詞と言います。使い方の例を見てみましょう。

①話題に初めて登場する場合はa

- ☐ **I want a new jacket.** (〈いろんな新しいジャケットの中の、どれでも 1 着の〉新しいジャケットがほしい)

- ☐ **He got a new puppy. The puppy is a girl pug.** (彼は〈いろんな新しい子犬の中の 1 匹の〉新しい子犬を手に入れた。その子犬は女の子のパグだ)

②特定の人・ものではない場合はa

- ☐ **My sister is a nurse.** (私の姉は〈世の中にたくさんいる看護師の中の、ある 1 人の〉看護師です)

- ☐ **I need a pen.** (私は〈特定のものではなく、どれでもいいから〉ペンが必要です)

数が 1 つのときは名詞の前に a をつけます。apple や orange のように母音 (a, e, i, o, u) で始まる名詞の前には a ではなく an をつけます (【名詞の「単数形」と「複数形」】p.166 参照)。ここで注意したいのは、文字ではなく発音が a, e, i, o, u の場合だということです。ですから、例えば used car は語頭が u ですが、発音すると「ユーズド」となって母音で始まっていないので a used car となります。反対に、hour は h で始まっていますが発音は「アワー」なので an をつけて an hour となります。

話題に初めて登場して、次に「どのことを言っているのか明らかにわかっている」場合には the を使います。the は「その」のような意味で、定冠詞と呼ばれます。上記①の 2 つめの例文を見ると、a と the の使い方の違いがよくわかりますね。もう少し例文を出してみましょう。

③一度話題に出てきた人・ものを表す場合はthe

- ☐ **I bought a new car. The car runs very fast.** (私は新しい車を買った。その車はとても速く走る)

- ☐ She got a new boyfriend. The guy is friendly to everyone.（彼女は新しいボーイフレンドができた。その人はみんなにやさしい）
- ☐ I read a book about space yesterday. The book was very interesting.（私はきのう宇宙についての本を読んだ。その本はとても興味深かった）

④状況から「どれのことを言っているのか1つに決まっている」場合はthe

- ☐ Please close the door.（〈あなたの目の前の、その〉ドアを閉めてください）
- ☐ Dad is in the living room.（お父さんは〈自宅の〉リビングにいます）
- ☐ Look at the cloud over there! It looks like a pony, doesn't it?（あそこの雲を見て！ ポニーみたいじゃない？）

⑤1つしかないものを表す場合はthe

- ☐ The sun goes down.（日が沈む）
- ☐ You can't change the world in a day.（1日で世界を変えることはできない）
- ☐ Where is the restroom?（トイレはどこですか）

⑥「1つ」「唯一の」という意味を含む場合はthe

- ☐ He is the oldest of the three.（彼は3人の中で一番年上です）
- ☐ Karen was born as the only girl to the Millers.（カレンはミラー家の一人娘として生まれました）
- ☐ She was the first Japanese woman to climb Mt. Everest.（彼女はエベレスト山に登った最初の日本人女性でした）

最後に、a / an も the もつけない形があることも覚えておきましょう。

- ☐ **go to school**（〈通っている〉学校に行く）
- ☐ **at home**（〈自分の〉家に、家で）
- ☐ **by bus / train**（〈交通手段〉バス／電車で）
- ☐ **watch TV**（テレビ〈の番組〉を見る）
- ☐ **have breakfast / lunch / dinner**（朝食／昼食／夕食を食べる）

★ 前置詞のコア・イメージ

atやin, from, for, through, ofなど、名詞の前に置くこれらのことばを「前置詞」と言います。前置詞をしっかり使いこなすことができれば、いろいろな情報をつけたすことができます。1つの前置詞には、時間や距離、位置、方法など、いくつかの意味がありますが、ここでは、使用頻度の高い基本的な前置詞のコア・イメージと使い分けについておさらいします。

基本的な前置詞のコア・イメージ

1. in 「～の中に〔で〕」／年・月・季節

「ある空間の中」「入れ物の中」のイメージです。物理的・抽象的両方の空間を表します。年・月・時間帯など「(比較的長めの)期間・時間」も表します。

2. on 「～の上に」「～の表面に接触して」／日付・曜日

「何かの上に乗っている」「面や線に接触している」というイメージです。物理的なものの場所を示すときに使います。曜日など「(短期的な)時間」も表します。

3. at 「～のところに〔で〕」／時刻

「点」のイメージです。ピンポイントで具体的な場所を表します。onよりもさらに短い時間・期間(時刻)を表すこともできます。

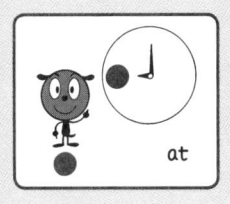

4. before 「～の前に」

時間や順序の「前」がイメージです。after「～のあとに」と対になります。

5. in front of 「〜の前に」

ある場所についての「前」がイメージです。単純な位置関係を表します。

6. after 「〜のあとに」「〜を追って」

時間や順序の前後関係での「〜のあと」のイメージです。「何かのあとをくっついていく」というイメージから「〜を追って」という意味もあります。

7. from 「〜から」

何かが始まったり、変化していくための「起点」のイメージです。場所だけでなく、状態や時間、原因なども表します。

8. to 「〜へ」

「ある物が目的地に向き合いながら、到達地点へたどり着く」イメージです。物理的な場所だけでなく時間も表します。

9. with 「〜と一緒に」

「つながり」や「結びつき」のイメージです。「〜と一緒に」というイメージから「〜を使って」と手段も表します。without「〜なしで」と対になります。

10. without 「〜なしで」「〜を持たずに」

with「〜と一緒に」の反対で、「つながりがない」のイメージです。文字通り、with を out で否定しています。

11. for 「〜のために〔の〕」「〜にとって」「〜に向かって」／時間の長さについて「(〜分)間」「(〜日)間」

到達点を含まずに「〜へ向かう」というイメージです。「目的」「方向」の意味を表します。時間の意味では、どのくらいかかったかという「長さ」について重点が置かれます。

12. of 「〜の」／「〜から成る」

「関わり」「つながり」のイメージです。はっきりとした位置関係があるわけではないのですが、物と物をつなげる「橋渡し」的な役割があります。「材料・原因」の意味も表します。

13. as 「〜として」／「〜のときに」／「〜のような〔に〕」

「誰か(何か)が持っている機能と同じ」というイメージです。「何かと何かが同時に起きている」という意味もあります。

14. over 接触せずに「〜の上に」／「〜を越えて」

「下の物に接触せずに円や弧を描く」イメージです。「全体を覆う」イメージもあります。

15. under 接触せずに「〜の下に」／「〜より低い」

「上にある物に触れずに真下に」がイメージです。「達していない」や「〜の最中で」という意味もあります。

16. below 「〜より下のほうに」

「より下」「低いほう」のイメージです。ほかの物と比較して上か下か(高いか低いか)という位置関係を表します。

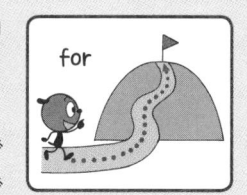

17. about 「〜について」「〜に関して」/「およそ〜」

「関連」「周辺」のイメージです。対象の周りに浮遊している感じです。

18. around 「〜のまわりに〔を〕」/「〜頃」「〜前後」

「周囲」のイメージです。対象の周りをぐるりと一周する感じです。時間や数字を表す場合もあります。

19. near 「〜の近くに〔で〕」

近いと感じる「距離感」のイメージです。「すぐそば」というよりは大きな意味での「近い」です。

20. by 「〜で」「〜によって」/期限を表して「〜までに」/「〜のそばに」

「手段」を表します。「〜のそばに」は位置的な意味のほかに、期限を表わす「〜までに」の意味もあります。

21. until 「〜までずっと」

「動作などが同じ状態で継続している」イメージです。終了点が設けられて、そこまでずっと続くことを表しています。

22. between 「（2つ）の間に〔で〕」

「2つ〔2人〕の中間に」のイメージです。物だけでなく人や時間、場所などにも使います。

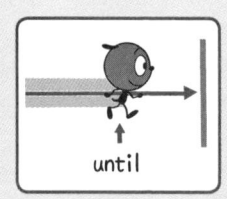

23. among 「(3つ以上)の間に〔で〕」

「同じ物〔人〕に囲まれた」イメージです。betweenが2つの物〔人〕に対し、amongは「3つ以上の物〔人〕の間に」という意味になります。

24. away 「離れて」

「距離が離れて」というイメージです。

25. off 「離れて」

接している面から「離れる」イメージです。対になる前置詞はon(〜の表面に接触して)です。

26. across 「〜を横切って」/「〜の向こう側に」

「平面を垂直に横切る」のイメージです。「平面を端から端へ横切った向こう側」という意味も表します。

27. beyond 「〜を越えて」/「〜に及ばない」

「何かを越えた向こう側」のイメージです。具体的な場所・時間だけでなく、程度や範囲を超えることも表します。

28. against 「〜に反対して」/「〜に逆らって」

「対立」「対抗」のイメージです。双方から強い力や圧力がかかって反発し合っていることを表します。

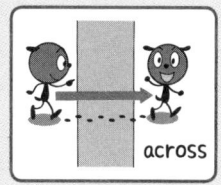

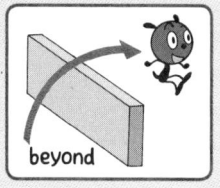

間違いやすい前置詞の使い分け

1. in, on, atの使い分け（時間の場合）

in 「幅広い期間」	□ in 2016（2016年に） □ in May（5月に） □ in summer（夏に）
on 「特定の日」	□ on July 4（7月4日に） □ on Sunday（日曜日に）
at 「時のある一点」	□ at ten（10時に） □ at 8:40（8時40分に）

2. in, on, atの使い分け（場所の場合）

in 「比較的広い空間の中」	□ in the kitchen（台所に〔で〕） □ in Japan（日本に〔で〕）
on 「何かに接している」	□ on the desk（机の上に〔で〕） □ on the wall（壁に〔くっついて〕）
at 「場所のある一箇所」	□ at the office（オフィスに〔で〕） □ at the station（駅に〔で〕）

3. byとuntil(till)の使い分け

by 「完了の期限」	□ by noon（正午までに） □ by eight o'clock（8時までに）
until 「終了時点までの継続」	□ until yesterday（昨日まで〔ずっと〕） □ until ten（10時まで〔ずっと〕）

4. fromとsinceの使い分け

from 「時の起点」	□ from now（今から） □ from 5:30（5時半から）
since 「継続した動作や状態の起点」	□ since 3 pm yesterday（昨日の午後3時からずっと） □ since last night（昨夜からずっと）

5. before と in front of の使い分け

before
「時間的・順番としての〈前に〉」
- □ before lunch（昼食前に）
- □ before me（前方に）

in front of
「場所・位置関係としての〈前に〉」
- □ in front of the gate（門の前に）
- □ in front of the station（駅の前に）

6. away と off の使い分け

away
「距離的に離れる」
- □ get away from the bus（バスから離れる）
- □ 2 miles away from my house（自宅から2マイル離れて）

off
「分離」
- □ get off the bus（バスから降りる）
- □ take off your shoes（靴を脱ぐ）

7. across, beyond, over の使い分け

across
「平面に垂直に横切る」
- □ across the river（川を横切る）
- □ across the country（国中に〔で〕）

beyond
「範囲を超えた向こう側」
- □ beyond the sea（海を越えて）
- □ beyond borders（国外に）

over
「上を越えた向こう側」
- □ over the mountain（山の向こう側）
- □ over a head（頭上に〔を〕）

8. under と below の使い分け

under
「真下に」
- □ under the bed（ベッドの下に）
- □ under 20 years old（20歳未満）

below
「基準より低い位置」
- □ below the average（平均以下の）
- □ below sea level（海抜より低い）

9. on, over, above の使い分け

on 「上に接触して」	□ on the lake（湖上に） □ on the floor（床の上に）
over 「上方に」	□ over the house（家の上に） □ over the railing（手すり越しに）
above 「はるか上に」	□ above the head（頭上はるか） □ above sea level（海抜より高い）

10. for と during の使い分け

for 「時間の長さ」	□ for an hour（1時間） □ for two weeks（2週間）
during 「特定の時間内」	□ during a break（休憩の間に） □ during the summer vacation（夏休みの間に）

★ 主語の切り出し方のパターン

　英文の基本は「主語」+「動詞（述語）」です。主語は、人（I, You, He, Mike など）でも物（An apple, The box, This pen など）でも出来事（The accident, His dreams, The earthquake など）でも、基本的には意味が通じれば何でもOK。

例をみてみましょう。

人が主語の場合

- □ **I gave him a present.**（私は彼にプレゼントをあげました）
- □ **He is angry because you are late.**（あなたが遅いので彼は怒っています）
- □ **Kate is going to play tennis after school.**（ケイトは放課後テニスをするつもりです）

物が主語の場合

- □ **My camera is new.**（私のカメラは新しいです）
- □ **This notebook is hers.**（このノートは彼女のものです）
- □ **This picture is more beautiful than that one.**（この写真はあの写真よりも美しい）

出来事が主語の場合

- □ **Her dreams came true.**（彼女の夢が叶った）
- □ **The accident shocked everybody.**（その事故はみんなにショックを与えた）
- □ **A surprise party was held.**（サプライズパーティーが行われた）

　このように人・物・出来事のパターンが一般的に多く見られますが、ほかにも主語の切り出し方のパターンはいくつかあります。

There is / are [was / were] が主語の場合

There is / are …は「〜があります（います）」という意味で、「リンゴがあります」のような場合に an apple / three apples（リンゴ１個／リンゴ３個）などが There is / are のあとにきます。この場合、There にはとくに意味はなく、あくまでも There is / are のあとにくるものが主語になります。また、「どこどこに」という場所を表す語句は最後につけます。「〜がありました（いました）」のように過去のことを言いたいときは、be動詞を過去形に変えて There was / were のように表します。

- ☐ **There is a cat under the car.**（その車の下にネコがいます）
- ☐ **There are better ways to solve the problem.**（その問題を解決するためにはもっと良い方法があります）
- ☐ **There was an earthquake this morning.**（今朝、地震がありました）
- ☐ **There were a lot of people in the park.**（公園にはたくさんの人がいました）

It が主語の場合

it は一度出てきた名詞を「それ」と受けるとき以外にも、さまざまなバリエーションの使い方ができる代名詞です。「天気」や「時間」を表す it は定番の使い方です。状況や文脈から何を指しているかわかることは、こうして it で表すことができるのです。

- ☐ **It's dark here.**（ここは暗いですね）→ 周りの状況を表す。
- ☐ **It's rainy today.**（今日は雨です）→ 天気を表す。
- ☐ **It's Sunday today.**（今日は日曜日です）→ 曜日を表す。
- ☐ **It's November 11.**（11月11日です）→ 日付を表す。
- ☐ **It's 4 o'clock.**（4時です）→ 時間を表す。
- ☐ **It's 2.5 kilometers from here to the city hall.**（市役所までここから2.5キロです）→ 距離を表す。

また、「〜することは…です」と言いたい場合にも、〈It is … to ＋動詞の原形〉というようにitを主語にする言い方を使います。このitも「とりあえずの主語」ですので、特に何かを意味するわけではありません。「〜することは」を表すのに、〈To ＋動詞の原形〉を主語にする場合もありますが、頻度としてはIt で始まる文のほうがよく使われます。

- □ It's easy to make pizza.（ピザを作るのは簡単です）
- □ It's interesting to learn about other cultures.（ほかの文化について学ぶことはおもしろいです）
- □ It was difficult for me to make a presentation in English.（私にとって英語でプレゼンするのは大変でした）

動名詞が主語の場合

　「〜することは」の別の言い方として、動詞の -ing 形もあります。これを動名詞と言います。-ing 形を使うと、「〜している」という生き生きとした躍動感が生まれるというメリットはありますが、説明調になるとどうしても主部が長くなって、リズム感に欠けてしまうというデメリットもあります。仮主語の it を使って言い換えできる場合もあるので、使い分けできるように慣れておくようにしましょう。

- □ Playing soccer is a lot of fun.（サッカーをするのはとても楽しい）
  →It's a lot of fun to play soccer.
- □ Drinking too much is bad for your health.（飲み過ぎは健康に悪い）
  →It's bad for your health to drink too much.

★ 時制の使い分け方

時制の使い分け方は、日本人がつまづきやすい文法の一二を争うトピックではないでしょうか。時制は基本的に、「現在形」「過去形」「未来形」の3種類があり、それぞれに細かく「進行形」「完了形」「完了進行形」に分かれています（計12種類）。

現在形	現在進行形	現在完了形	現在完了進行形
過去形	過去進行形	過去完了形	過去完了進行形
未来形	未来進行形	未来完了形	未来完了進行形

＊赤枠内は中学英語の範囲外です。実際の会話での使用頻度もそれほど高くありませんので、もし余裕（興味）があったらチェックしてみるくらいでOKです。

時制は文章で説明してもなかなかイメージしづらいので、それぞれの違いを時間軸の図で表していきます。

①基本時制

【過去形】
I played tennis yesterday.
私は昨日テニスをしました。

【現在形】
I play tennis.
私はテニスをします。

【未来形】
I'm going to play tennis tomorrow.
私は明日テニスをするつもりです。

過去　　　　　　　　　　現在　　　　　　　　　　未来

昨日 (yesterday)、先週 (last week)、1時間前 (an hour ago) などを使って過去の出来事を表す。動詞は過去形。

普段のことを表すときに使う。毎朝 (every morning) や毎日 (every day) などを使うこともある。動詞は現在形。

これからのことを表すときに使う。〈be動詞 + going to + 動詞の原形〉で表す。will も未来を表す言い方だが、すでに決めていることは〈be going to〉で表し、その場で決めたことは〈will〉を使う。

②進行形

【過去進行形】

I was playing tennis at 3 pm yesterday.
私は昨日の3時にテニスをしていました。

【現在進行形】

I'm playing tennis now.
私は今テニスをしています。

【未来進行形】

I'll be playing tennis at 3 pm tomorrow.
私は明日の3時にテニスをしているでしょう。

過去　　　　　　　　　現在　　　　　　　　　未来

過去進行形　　　　　　現在進行形　　　　　　未来進行形

過去のある時にしていたこと。〈was / were +動詞の -ing形〉で表す。その時 (then)、昨日の3時 (3 pm yesterday) など、ある瞬間を表す言葉と一緒に使う。

今まさにしていること。〈be動詞+動詞の -ing形〉で表す。今 (now) などと一緒に使う。

未来のある時での進行中の出来事。〈will + be +動詞の -ing形〉で表す。明日の3時 (3 pm tomorrow) など、未来のある瞬間を表す言葉と一緒に使う。

③【現在完了形】と【現在完了進行形】　＊現在完了進行形は中学範囲外

【現在完了形】

I have played tennis for two years.〈継続〉
私は2年間テニスをしています。
I have played tennis twice.〈経験〉
私は2回テニスをしたことがあります。
I have already played tennis.〈完了・結果〉
私はもうテニスをしてしまいました。

【現在完了進行形】

I have been playing tennis since this morning.
私は今朝からずっとテニスをしています。

過去　　　　　　　　　現在　　　　　　　　　未来

現在完了形

現在完了進行形

過去からつながっている「今の状態」を表す言い方。〈have / has +過去分詞〉で表す。意味は3つあり、(1) 継続「(ずっと) ～し続けている」、(2) 経験「(今までに) ～したことがある」、(3) 完了・結果「～し終えたところです、～してしまった」。継続には、1週間 (for a week)、長い間 (for a long time) などの期間を表す語句や、水曜日から (since Wednesday)、生まれてから (since I was born) などの始まった期間を一緒に用いる。

現在完了形の継続と同じで「～し続けている」という意味を表す。形は〈have / has + been +動詞の -ing形〉。動詞が状態 (wantやliveなど) ではなく、動作 (studyやrunなど) を表す場合は完了進行形にします。

④【過去完了形】と【過去完了進行形】　＊中学範囲外

【過去完了形】

I had played tennis for two years.〈継続〉
私は2年間テニスをしていました。
I had played tennis twice before I was 12.〈経験〉
私は12歳までに2回テニスをしたことがあります。
I had already played tennis when my friend came.〈完了〉
私は友達がきたときにはすでにテニスをしていました。

【過去完了進行形】

I had been playing tennis till it got dark.
私は暗くなるまでずっとテニスをしていました。

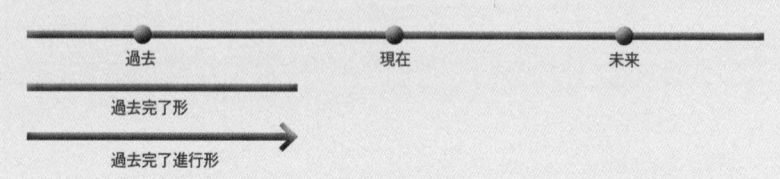

過去のある時点から過去のある時点までを表す言い方。〈had + 過去分詞〉で表す。意味は3つあり、(1)継続「(ずっと)〜し続けていた」、(2)経験「(過去のある時点までに)〜したことがあった」、(3)完了「(過去のある時点までに)〜してしまった」。

過去完了形と進行形がくっついた形。〈had + been + 動詞の -ing形〉で表す。意味は、過去完了形の継続と同じで、「(過去のある時点まで)〜し続けていた」となる。

⑤【未来完了形】と【未来完了進行形】　＊中学範囲外

【未来完了形】

I will have played tennis till next two hours.〈継続〉
私は2時間テニスをするつもりです。
I will have played tennis once before my friend comes.〈経験〉
私は友達がくる前に1度テニスをすることになるでしょう。
I will have played tennis when my friend comes.〈完了〉
私は友達がくるまでにテニスをしてしまうでしょう。

【未来完了進行形】

I will have been playing tennis till it gets dark.
私は暗くなるまでずっとテニスをしているでしょう。

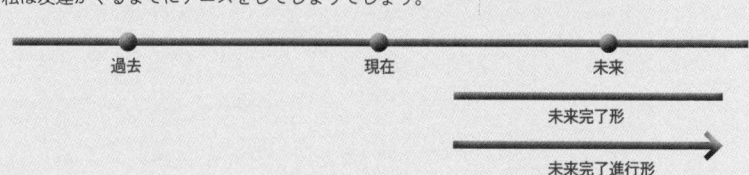

未来のある時点から未来のある時点までを表す言い方。〈will + have + 過去分詞〉で表す。意味は3つあり、(1)継続「(未来のある時点まで)〜し続けているだろう」、(2)経験「(未来のある時点までに)〜することになるだろう」(3)完了「(未来のある時点までに)〜してしまうだろう」。

未来完了形と進行形がくっついた形。〈will have + been + 動詞の -ing形〉で表す。意味は、未来完了形の継続と同じで、「(未来のある時点まで)〜し続けているだろう」となる。

★ 不規則動詞と基本語一覧

　過去のことを言うときには必ず動詞を過去形にします。一般的に、play なら played、live なら lived のように -ed あるいは -d をつける基本パターンや、study なら studied、stop なら stopped のように、最後の y を i に変えて -ed をつけたり、最後の1文字を重ねて stopped としたりする基本パターンがあります。ただし、なかにはそうでない動詞もたくさんあり、これを不規則動詞と呼んでいます。

　不規則動詞とは単純に、過去形が -ed, -d でない形に変化する動詞のことです。主な不規則動詞と重要な動詞の語形変化を以下に挙げてみます。不規則動詞はそれぞれ形が異なりますので、ひとつひとつ覚えるようにしましょう。

主な不規則動詞

原形	意味	過去形	過去分詞
be	be動詞	was, were	been
do	する	did	done
bring	持ってくる	brought	brought
buy	買う	bought	bought
come	来る	came	come
get	手に入れる	got	gotten
go	行く	went	gone
have	持っている	had	had
make	作る	made	made
meet	会う	met	met
read	読む	read	read

＊発音だけが「リード」から「レッド」に変わる。

原形	意味	過去形	過去分詞
see	見える	saw	seen
speak	話す	spoke	spoken
tell	伝える、言う	told	told
take	取る	took	taken
write	書く	wrote	written

重要な動詞の語形変化一覧表

原形	意味	過去形	過去分詞
agree	同意する	agreed	agreed
answer	答える	answered	answered
arrive	到着する	arrived	arrived
ask	尋ねる	asked	asked
borrow	借りる	borrowed	borrowed
call	呼ぶ、電話する	called	called
carry	運ぶ	carried ＊yをiに変えてed	carried
change	変える	changed	changed
clean	そうじする	cleaned	cleaned
close	閉じる	closed	closed
cook	料理する	cooked	cooked
cry	泣く、叫ぶ	cried ＊yをiに変えてed。	cried
decide	決める	decided	decided
die	死ぬ	died	died
enjoy	楽しむ	enjoyed	enjoyed
explain	説明する	explained	explained
finish	終える	finished	finished
happen	起こる	happened	happened
help	助ける	helped	helped
hope	望む	hoped	hoped
hurry	急ぐ	hurried ＊yをiに変えてed。	hurried
introduce	紹介する	introduced	introduced
invite	招待する	invited	invited
join	参加する	joined	joined
kill	殺す	killed	killed
learn	習い覚える	learned	learned
like	好きである	liked	liked

listen	聞く	listened	listened
live	住む	lived	lived
look	見る、〜に見える	looked	looked
love	愛する	loved	loved
miss	のがす	missed	missed
move	動かす	moved	moved
name	名づける	named	named
need	必要とする	needed	needed
open	開ける	opened	opened
paint	(絵の具で)描く	painted	painted
plan	計画する	planed	planed
play	(スポーツを)する	played	played
practice	練習する	practiced	practiced
receive	受け取る	received	received
remember	覚えている	remembered	remembered
return	帰る	returned	returned
save	救う	saved	saved
smell	〜のにおいがする	smelled	smelled
sound	〜に聞こえる	sounded	sounded
start	始める	started	started
stay	滞在する	stayed	stayed
stop	止める	stopped ＊pを重ねる。	stopped
study	勉強する	studied ＊yをiに変えてed。	studied
talk	話す	talked	talked
taste	〜の味がする	tasted	tasted
touch	さわる	touched	touched
try	やってみる	tried ＊yをiに変えてed。	tried
use	使う	used	used
visit	訪問する	visited	visited
wait	待つ	waited	waited

walk	歩く	walked	walked
want	ほしがる	wanted	wanted
wash	洗う	washed	washed
work	働く	worked	worked
worry	心配する	worried	worried

＊ y を i に変えて ed。

英語のスピーキングが驚くほど上達する
NOBU式トレーニング

2016年4月5日　第1刷発行

著　者　山田　暢彦

発行者　浦　晋亮

発行所　IBCパブリッシング株式会社
　　　　〒162-0804 東京都新宿区中里町29番3号 菱秀神楽坂ビル9F
　　　　Tel. 03-3513-4511　Fax. 03-3513-4512
　　　　www.ibcpub.co.jp

印刷所　株式会社シナノパブリッシングプレス

© Nobuhiko Yamada 2016
Printed in Japan

落丁本・乱丁本は、小社宛にお送りください。送料小社負担にてお取り替えいたします。
本書の無断複写（コピー）は著作権法上での例外を除き禁じられています。

ISBN978-4-7946-0404-0